JN421936

LANGUAGE
AND
DISCOURSE

언어와 담화

조영호 지음

신아사

들어가기

우리는 언어를 사용하여 직접적, 간접적으로 다양한 행위를 행한다. 여기서 담화 행위를 중요시하는 관점에서 언어를 관찰함으로써 새롭게 그 행위에 참가하는 화자와 청자, 행위를 행하는 맥락, 그리고 그것을 포괄하는 유형, 무형의 사회적, 문화적 환경이 얼마나 중요한 문제가 되는지를 알게 된다.

우리는 여기서 말하는 것과 의도하는 것은 어떤지를 살펴보자.

우리는 매일 언어를 사용하여 생활한다. 만일 언어라는 것이 존재하지 않는다면 매우 불편할 것이라는 것은 쉽게 떠오를 것이다. 언어가 없다면 먼저 가족을 시작으로 가까운 친지와 커뮤니케이션에 장해가 생길 것이다. 물론 표정이나 몸짓 손짓으로도 여러 가지 표현이 가능하겠지만 역시 한계가 있다.

당연히 내가 말하고 싶은 내용도 전달하기 어렵고, 상대의 말하고 싶은 것도 알기 어렵다. 말이 없다면 문자도 없어지는 것이므로 적혀진 것도 존재하지 않는다. 신문도 없고 잡지도 없고 책도 없다. 편지도 없고 전화도 기능하지 않다. 먼 곳에 있는 사람에게 어떤 것도 전달 할 수 없다.

언어는 대단히 편리한 것이지만 만능은 아니다. 언어가 있다고 해서 무엇이든 표현 가능한 것도 아니고 표현한다고 해서 그 모든 표현이 전달되는 것도 아니다. 다음과 같은 상황을 잠깐 상상해보자.

자장면을 떠올려 보자. 먹어본 사람은 그 맛을 알고 있다. 그런데, 여행 중 만난 미국 친구가 자장면을 못 먹어봐서 그 맛을 알려 달라 한다면 뭐라 설명할 것인가. 내가 자세히 상세히 설명하면 그 맛을 미국 친구는 나와 똑같이 이해할 것인가. 참으로 난해한 문제이다. 이렇듯 언어에는 표현한다고 해도 그것에는 항상 한계가 존재한다.

또한, 인간은 언어를 이용해서 거짓말을 하는 것조차도 가능한 것이 아닌가. 언어를 통해 인간관계가 잘 되는 경우도 있지만, 역으로 인간관계가 나빠져 그 사이가 단절되는 경우도 있다. 즉, 우리는 언어를 통해 기분이 좋아지기도 하고, 기쁘게 되기도 하고 위로 받기도 하지만 언어로 인하여 기분이 가라앉기도 하고 슬프게 되기도 하고 화나기도 하고 흥분하기도 한다.

즉, 언어는 인간 생활에 있어 떼려야 뗄 수 없는 중요한 요소인 것만은 사실이다. 언어는 "인간 그 자체다"라고 말해도 과언은 아닐 것이다. 언어가 인간에게 있어 불가결한 것이라면 언어가 무엇인가를 알아가는 것이야 말로 우리 언어생활을 좀 더 풍성하게 하는 것이라 할 수 있을 것이다. 또한 보다 나은 인간관계를 이루어 갈 수 있을 것이고 언어를 통해 좀 더 깊은 이해를 이끌어 낼 수 있으리라 믿는다.

우리 생활 주변에서 흔히 일어나는 언어를 뒤돌아봄으로써, 인간관계의 구조와 사회적 문화적 환경의 영향, 가치관과 인식의 방법의 구조를 좀더 구체적으로 이해하는데 도움이 되리라 본다.

조영호

차례

1부
담화의 세계

최근 문을 초월한 담화레벨에서의 언어연구가 활발하다. 그래서 본장에서는 「담화분석이란 무엇인가?」라는 기본적인 질문에 대한 해답과 담화의 본질에 대해 생각해 보기로 한다. 또, 나아가 담화의 구조, 담화의 원리를 통해 우리가 별 의식 없이 사용하는 일상 담화의 깊은 내면을 살펴보기로 하자.

1.1 담화분석이란 무엇인가?

1.1.1 담화분석의 정의와 배경

지금까지의 언어학에 있어서 담화라고 하는 언어현상은 그 초창기 연구에서는 그다지 연구대상으로 취급되지 않았다. 즉, 담화는 회화에 참가하는 사람들이 제각각 말하는 것, 다시 말하면 무규칙적인 현상이라고 생각되어져 왔다.

담화분석이라는 연구 분야는 1960～1970년대 초반에 걸쳐 언어학과 그 근접학문(철학, 심리학, 사회학, 문화인류학, 인공지능의 연구 등)의 언어커뮤니케이션 연구에서 생성되었다고 볼 수 있다. 그 후, 담화분석이라는 표현이 일본어학자 사이에 왕성하게 사용된 것은 1980년대 중반부터인 것으로 추정된다. 물론, 그 이전부터도 텍스트언어학 및 텍스트 분석 등의 표현이 일부 언어학자 사이에서 사용되어 오기는 했었다. 하지만 담화의 개념이 일본의 언어연구와 일본어교육연구의 분야에서 일반적으로 취급되게 된 것은 최근 10년 남짓이라고 생각되어진다.

그러면, 담화분석이란 도대체 어떤 학문을 가리키는 것일까?

언어학의 다른 분야와 마찬가지로 그 정의는 경우에 따라서 약간의 차이가 있을 수 있으나 담화를 연구대상으로 하고 있으며, 그 구조와 역할을 해명하는데에 그 연구 목적을 둔다라는 견해는 일치하고 있다고 볼 수 있다.

담화연구의 분야를 조금 더 상세히 살펴보면 다음과 같이 정리할 수 있다.

담화를 구성하는 문 레벨의 범주에서 언어분석을 행하려고 하는 점에서는 문법연구의 요소인 통어론의 상위레벨에 위치한다고 볼 수 있다. 또한, 문맥과의 관계를 통해 언어연구를 하려고 하는 점에서는 발화행위론을 포함한 어용론과 부분적으로 서로 중복되고 있는 점이 적지 않다. 또한 회화참가자나 화제 등 언어형식 이외의 요소를 중심으로 종합적인 언어연구를 추구한다는 점에서는 사회언어학의 특징도 공유하고 있다고 볼 수 있다. 그러므로 담화분석이라는 연구 분야는 독립적인 학문분야라기보다는 여러 학문분야와 쇠사슬처럼 연결되어 있는 것이다.

담화분석이라는 명칭은 주로 영국과 미국을 대표로 하는 영어권 학자들이 즐겨 사용하는 명칭이다. 현재, 일본어학에서는 현대일본어의 데이터를 이용한 담화분석이 활발히 행해지고 있다.

1.1.2. 「담화」란 무엇인가

먼저, 담화가 어떻게 정의되어져 있는지에 대해서 알아보자. 그 일반적인 의미는 일본의 국어사전에서 찾아보는 것만으로도 충분할 것으로 생각된다. 『広辞苑』(1991)에 의하면 담화를 다음과 같이 정의하고 있다.

① はなし。ものがたり。会話。『–室』
(말, 이야기, 회화)
② ある事柄についての見解などを述べた話。『首相の—」
(어떤 사항에 대한 견해 등을 서술한 이야기)

라고 나와 있다. 하지만, 이와 같은 해설은 담화분석이라는 전문분야에 적당한 정의라고는 보기 힘들 것이다. 그러나 『大辞林』(제2판)에는 위와 같은 정의 외에도 언어학용어로써의 정의도 부가하여 명확히 기술하고 있다.

③ ≪語≫[discourse]文よりも大きい言語単位で、あるまとまりをもって展開した文の集合。話されたもの、書かれたものの両者を含む。テクスト。

(문보다는 큰 언어단위로, 어떤 조합을 가지고 전개한 문의 집합. 말해진 것, 쓰여진 것 모두를 포함한다. 텍스트)

이와 같은 해설은 한편으로 선뜻 이해하기 어려운 부분도 있을 것이다. 즉, 『文よりも大きい言語単位 』, 『あるまとまり』 등과 같은 용어는 또 다른 의문점을 불러일으킬 것이다.

그러므로, 다음과 같은 담화에 관련된 요소를 예비지식으로 알고 담화에 관한 학습을 시작하는 것이 좋을 것이다. 더 자세히 이야기한다면 언어학의 다른 분야와 마찬가지로 이 분야에도 견해의 차이가 있으므로 <담화>라는 지극히 기본적인 용어를 선택하고는 있지만 반드시 이 용어이어야만 한다고 한정하여 정의 내리기에는 어려움이 있는 것이다.

입장의 차이에 따라 <담화>로써 의미되는 것은 다음과 같은 요소들이다.

Ⅰ 문보다도 큰 단위 (a unit of language larger than the sentence)
Ⅱ 언어사용 (language use, language in use)
Ⅲ 발화 (utterance)
Ⅳ 텍스트 (text)

1.1.3. 담화의 구성요소

우리는 일상생활에서 두 사람 이상이 서로의 생각과 느낌을 표현하고 이해하면서 담화를 진행시켜 간다. 어떻게 보면 사람이 사용하는 언어활동 가운데 가장 기본이 되는 요소라 할 수 있다. 즉, 담화는 음성언어를 통하여 누가, 누구에게, 무엇을 말하는가 하는 것이 중요한 요소로 생각된다.

그럼, 좀 더 상세히 담화의 요소를 살펴보자.

담화가 어떠한 요소로 성립되어 있는가에 대해 생각해 보면 간단하게 정리가 된다. 즉, (1)화자, (2)메시지 혹은 정보, (3)전달방법, (4)청자 이 4가지가 머리에 떠오를 것이다.

이 요소는 담화에 있어 불가결한 요소인 것이다. 그리고 부수적으로 화자와 청자 간에 있어 발생하는 상호주체성의 개념이 발생한다.

<담화의 구성요소와 전달과정>

누가		무엇을, 어떻게		누구에게
<화자>	→	메시지	→	<청자>
<참가자>	←	전달방법	←	<참가자>

<상호주체성>

그럼, 각각 담화의 요소에 대해 간략히 알아보기로 하자.

1. 담화참가자(participant)

담화참가자에는 당연히 화자(speaker)와 청자(hearer)가 있을 것이다. 담화는 언어를 통해 두 사람 간에 행해진다는 사실은 언급할 필요도 없을 것이다. 그리고 담화참가자 상호가 화합하여 담화를 이끌어 가는 것도 그럴 것이다. 즉, 청자가 있음으로 해서 화자가 있는 것이고 화자가 있음으로 해서 청자가 있는 것이기 때문이다. 자기가 열심히 말하는데 상대방이 아무런 반응이 없을 때를 상상해보라 담화가 진행되겠는가. 아마 짜증을 내거나 화를 낼 것이다. 담화 중에는 화자의 역할보다 청자의 역할이 더욱 더 중요시 되는 것이다.
담화 진행 중 담화참가는 활발한 화자 교대(turn-taking)행위와 더불어 때때로 동시발화(overlap)나 침묵(silence)도 행할 수 있는 것이다.

2. 메시지(message)

발화행위를 통해 한쪽에서 다른 쪽으로 전달되는 것이 메시지이다.
다른 쪽인 청자 편에서 보면 이것은, 새로 입수한 정보, 신정보(new information)나- 예를 들면, 자신의 체험담, 경험 등- 이미 알고 있는 정보 , 구정보(old information) - 예를 들면, 날씨, 지난이야기 등- 중 하나일 것이다.
다양한 개별 언어의 사용중 나타나는 맞장구 표현이 신정보와 구정보 사이에 어떻게 사용되는지를 관찰하여 보는 것도 언어행위를 이해하는 데 많은 도움이 될 것이다.

3. 전달 방법(mode)

담화의 전달 방법으로는 음성언어(Spoken language), 문자언어(Character language), 수화(sign language) 이렇게 3가지 전달방법이 있다. 흔히, 담화 분석에서는 음성언어로 한정하지만 이와 함께 언어행동(speech act)과 언어에 수반되는 비언어행동(nonverbal messages)- 몸짓·손짓·발짓거리 등- 으로 성립된다는 사실을 잊어버리면 안 된다.
음성언어의 비언어행위에는 몸짓·손짓뿐만 아니라 상대방과의 거리나 목소리의 성질도 포함된다. 문자언어는 자체(字体)·필적(筆跡) 등의 비언어적요소가 언어에 부수한다고 볼 수 있다. 또한, 요즘 많이 사용하는 전자메일에 있어서는 비언어적 표현으로써 얼굴표정(^_^, (>_<) 등을 나타내는 기호가 부가된다고 볼 수 있다.

4. 상호주체성(Intersubjectivity)

담화참가자인 화자와 청자는 지식과 경험을 공유해 유사한 해석에

도달할 수 있는 것으로 여겨지고 있다. 이것을 상호주체성이라 하며, 담화연구에서 중핵을 이룬다고 볼 수 있다. 이 개념은 담화참가자끼리의 지식과 경험의 공유와 관련성을 갖고 있다. 미리 다른 담화참가자가 기본적인 지식을 공유하고 있어야지만 원활한 커뮤니케이션이 가능해진다. 즉, 현실 세계에 관한 기초적인 지식(예를 들어, 노크를 한다)과 사용언어(일본인일 경우, 일본어 사용가능 능력)에 관한 지식이 그것이다.

화자 : おい、うるさいぞ！静かにしてくれ！ギターやかましいぞ！
(이봐, 시끄러워! 조용히 좀 해 주겠어! 기타소리가 거슬리는군!)

위와 같이 말해 버리면 어떻게 될까? 아마 위와 같이 화를 내면 이웃지간에 사이가 벌어지게 되고 그다지 좋지 않은 이미지를 남기게 될 것이다. 그래서 신중히 생각한 끝에 다음과 같은 메시지를 사용했다고 가정해 보자.

화자 : ギターの練習、毎日ご熱心ですね。
(기타 연습, 매일같이 열심이군요)

위의 메시지로 기타 연습을 멈추게 할 수 있을까? 이 발화행위로써 청자인 상대방에게 이해되기 위해서는 우선 상대방이 자신과 동일한 현실세계에 관한 지식 - 예를 들면, 기타는 현을 쳐서 소리를 내는 악기이므로 이를 반복해서 연습하는 음은 타인에게 오히려 소음으로 들린다는 상식 -을 가지고 있을 필요가 있다. 그리고 동시에 사용언어-이 경우는 일본어 -에 관한 지식을 서로 가지고 있어야만 하는 것이다.

「ギターの練習」는 상대방의 행위를 가리키지만 「ご熱心」이라는 긍정적인 평가와 「です」라는 정중한 단정을 단서로 해 청자가 이것을 그대로<誉め言葉(칭찬하는 말)>로 받아들인다면 화자의 의도는 상대방에게 전달되지 않는다. 또한, 그리 능숙하지 못한 기타 연주에 대한 단순한 <비웃음>으로 받아들여져도 오해를 사게 된다. 이것은 기타연습은 귀에 거슬리고 이웃에게 피해를 준다는 의미에서 발화의 궁극적인 목적이 「ギター弾かないでください」라는 <부탁> 에 있다고 미루어 짐작하게 해 연습을 멈추게 하기 위해서는 청자자신이 화자와 동일한 시선을 갖지 않으면 안 되는 것이다.

말에는 언내의 의미, 즉, 표의와 언외의 의미, 즉, 추의가 있다. 특히, 화자의 의도가 숨겨져 있는 것은 후자에 해당한다. 이것을 이해한다면 화자의 세계와 청자의 세계가 상호주체성 아래에서 결합되어 담화가 성립하는 것이다. 이렇게 해서 화자의 사고 속에 있는 것을 언어화해 발화된 메시지가 그 상황에 처해있는 담화참가자간의 공유지식이 되면 청자의 행위를 개선시킬 정도의 역할을 하는 것이다.

1.2 담화의 구조

그럼, 잠깐, 생각을 하여보자.

만나는 사람과 상황, 화제에 따라 항상 변화하는 담화는 어떤 구조를 가지고 있는 것일까? 아무런 규칙이나 구조를 가지고 있지 않으면 담화는 어떻게 되는 것일까?

사실 담화가 갖는 유동성 때문에 담화를 지배하는 구조나 규칙이 있다는 사실을 인식하기에는 어려움이 있다. 그러나 인간관계를 유지하는데 중요한 요소가 되는 담화에 관해 많은 연구자들의 일정한 구조와 규칙이 있음을 지적하고 있다.

담화도 사회적인 약속이므로 어떻게 시작하고, 어떻게 이어가며, 어떻게 끝내는가와 관련된 일정한 규칙이 있다. 이 중에서 화자와 청자 사이에 나타나는 화자 교대와 두 사람이 동시에 말하는 중복현상, 그리고 주고받는 말이 쌍을 이루고 있는 대응쌍과 담회의 선호구조에 대해 살펴보도록 하자.

1.2.1 화자 교대(turn-taking)

담화는 화자와 청자로 구성된다. 그런데 이 역할은 고정되어 있는 것이 아니고 서로 순환되어야 한다. A가 화자일 때는 B가 청자가 되고, B가 화자일 때는 A가 청자가 된다. 그래서 간략히 담화의 흐름을 보면 A→B→A→B→A→B가 차례로 말을 하는 교대가 나타난다. 이것을 화자 교대라고 한다. 순서교대는 자동적으로 이루어지는데, 이것은 청자와 화자가 일정한 원리에 이해 대응하기 때문이다.

화자 교대는 일종의 사회적 행위이고 그것은 사회집단의 구성원 사이에서 습관화되어 있는 국속적 관리 시스템에 따라 작동되는 것이다. 국속적 관리 시스템이란 기본적으로 말의 순서를 손에 넣거나, 지속하거나, 넘기는 것과 같은 사회적 습관인 것이다. 이와 같은 시스템에서 무엇보다도 중요시되는 것이 화자의 교대가 일어나리라고 예상되는 시점이다. 이 화자 교대가 일어나는 시점을 교체적정지점(Transition Relevance Place: TRP)이다. 어떠한 사회집단이고 각각의 TRP가 상정된 발화법에는 특징이 있는 것이다. 그럼 좀 더 화자 교대의 구체적인 운영규칙에 대해 알아보자.

例1 A(娘)B(母)

1A: えー、これどうしたん？おかあさんが作った?

(우와, 이거 어떻게 된 거야? 엄마가 만들었어?)

2B: そう、お母さんが作ったの。

(그래, 엄마가 만들었단다)

위 회화에 있어서는 화자인 A(딸)이 B(어머니)에게 질문함으로 인해서 어머니가 다음 화자로써 선택 된 것이다. 즉, 화자가 누군가에게 직접적으로 부르거나 질문하거나 하는 것에 의해서 다음의 화자로 선택하는 방법이다. 그러나, 반드시 직접적으로 상대방을 지목하지 않아도 그 문맥으로 누구에게 발화권을 전해주는지가 명확한 경우도 있다.

例2 AとBは友人

1A: これすごくおいしーい。(이거 정말 맛있어)

2B: あんまり気にしないでよ。ははは(괜한 소리하지 마. 하하하)

3A: おいしいよ。本当に (맛있어, 정말)

위의 예의 경우, 요리를 만든 것은 B임으로 A의 「おいしーい」는 B에게 향해 말해지고 있음을 담화참가자에게 있어서 명확한 것이다.

이와 같이 화자 교대에는 화자가 다른 화자에 의해 선택되는 경우가 흔히 보인다. 이런 경우 타자선택이라고 한다. 그러나 자기를 직접 다음 발화의 화자로 선택할 경우도 있다. 이 경우를 자기선택이라 한다. 자기선택의 경우에는 포즈나 중복현상, 말끼우기, 맞장구표현 등에서 자주 나타난다고 볼 수 있다.

1.2.2. 포즈(pause), 중복현상(over-lap), 맞장구(back-channel)

담화는 '항상'이라고 해도 좋을 정도로 2명 아니면 3명 이상의 담화참가자에 의해서 그 화자 교대가 이루어지고 있지만 그 어느 때라도 말하는 사람은 1명으로 한정된다. 담화를 연구하다보면 전체적인 담화 가운데서 두 사람이 동시에 말하는 것을 불과 5%도 되지 않는다는 사실은 놀라운 일이 아닐 수 없다. 또한, 한사람이 말하고 다음 사람이 말을 시작하는데 걸리는 간격이 몇십 분의 일초 밖에는 걸리지 않는 것도 놀라운 일이다.

이와 같이 화자에서 다음 화자로 순조롭게 이어가는 것은 중요한 의미를 가지고 있다.

화자 교대와 화자 교대 사이의 긴 침묵과 중복발화(두 사람이 동시에 말하는 것)는 담화참가자 사이에 껄끄러운 상황이 발생했다는 것을 의미한다. 즉, 화자가 말한 이상 의미가 전달되게 되는 것이다. 다음의 담화를 보자.

例3

1A: 金君、君の専攻は何かね?

(김군, 자네 전공은 뭔가?)

2B: 日本語学です。・・・でも、まだはっきり決まっているわけでは・・・。

(일본어학입니다.・・・하지만, 아직 확실히 정한 건・・・)

(3秒)

3A: それじゃ・・・先生になりたいの?

(그렇다면・・・선생이 되고 싶은가?)

4B: いいえ、・・・まあ・・・できたら、なりたいですが。

(아니, 그냥 할 수 있다면, 되고 싶지만)

(3秒)

5A: どこ・・//どこで君は・　話を続けて

(어디・・//어디에서 자네는・ 이야기를 계속해)

6B: それは・・・あ、どうぞ//あの・・

(그건・・・아, 예// 저)

위 예의 경우 짧은 포즈(…기호로 표시)는 단순한 순간에 불과하지만, 긴 포즈((초)로 표시)의 경우 침묵이 된다. 위의 경우 두 명의 화자가 각각 자신의 순번을 완수하고 있기 때문에 그 책임은 어느 쪽으로도 강제할 수가 없는 것이다. 한쪽의 화자가 발화권을 상대방에게 정확히 건네주었는데도 불구하고 상대가 아무런 말이 없을 경우, 그 침묵의 책임은 상대방에게 있어 그 침묵 자체가 의미를 가지고 온다. 이와 같이 침묵을 기인적 침묵이라 한다. 다음의 예는 무응답의 속에 전달하고자 하는 자신의 뜻을 나타내는 상황이다.

例4

1A: 金子、ちょっと買い物いかない？ (카네코, 쇼핑가지 않을래?)

（2秒）

2B: 金子？ (카네코?)

（2秒）

3A: 金子・・どうしたの？ (카네코・・무슨일이야?)

4B: えっ、どうしたって、なにが？ (어, 무슨일이냐니, 뭐가?)

5A: もういいのよ。(이제 됐어)

담화에 있는 국소적 관리측면에서 TRP의 침묵은 중복현상보다 그다지 큰 문제는 되지 않는다. 한 번에 한 사람만 말해야 한다고 한정시킨다면 중복현상은 꽤 심한 문제를 일으키는 원인이 된다. 위의 예3으로 돌아가 생각해보자. 최후의 두 행에서 중복현상(//로 표시)이 일어나고 있다. 일반적으로 두 사람이 동시에 말을 시작하려고 할 때 최초의 중복현상이 일어난다. 그러나 두 명의 회화가 잘 들어맞지 않을 경우 「대화중단-대화개시-중복현상-대화중단」의 패턴이 몇 번이고 되풀이 되어간다고 볼 수 있다.

예3의 경우에는 나타나는 중복현상은 단순히 친하지 않은 사이나 초대면의 경우에 나타나기 쉽다고 볼 수 있다. 그 외에도 중복현상은 다양한 타입이 있어 각각 다양하게 해석된다. 많은 화자들은 같은 의견이나 가치관을 논할 때 중복이 나타나 친근감이나 동료의식을 느끼게 되는 것이다. 다음의 예5의 중복현상은 친근감을 나타내는 경우이다.

例5

1A: 昨日の料理、食べた? (어제요리, 먹었어?)

2B: ええ・・最後の料理ね。(응・・마지막 요리였지)

3A: 本当に、／／おいしいね (정말, ／／맛있어)

4B: すごくうまいと思うわ。(정말 맛있는 것 같아)

5A: それに、あのマグロは／／口の中で溶けるー

(게다가, 그 다랑어는／／입안에서 녹아)

6B: ／／そう、超うまー (맞아, 최고로 맛있어)

예6의 중복표현은 논쟁하는 것 같이 보인다.

例6

1A: 彼らが／／権力を握っていた・・ 最後まで聞いてくれ。

(그들이／／권력을 쥐고 있었다・・ 마지막까지 들어줘)

2B: そのことこそ、今私が

(그거야말로, 지금 내가)

위의 예6의 경우 두 사람의 화자는 토론하는 듯 보이나 발화권을 빼앗기 위해 다투는 경우이다. 여기에서 중복현상이 일어난 시점은 화자의 말을 가로채는 것으로 느껴져 이 상황에 대하서 한마디(예의 '最後まで聞いてくれ')를 던져 발화권을 지키려 한다. 즉, 1A의 화자는 회화구조의 불문율을 끄집어내어서, 자신이 마지막까지 의견을 말할 수 있는 권리를 침해하지 못하도록 2B에게 주의를 재촉하는 것이다. 청자가 다음에 말을 하고 싶다고 생각하면, 눈 앞에 있는 화자가 TRP에 도달할 때까지 기다려야 한다. TRP의 가장 큰 특징은 구조단위(구나

절)의 종료시점이나 포즈에 있다. 예6에 있어서 1A가 「彼らが」라고 말한 시점에 2B가 말을 시작하는 점에 주목해 보자. 이곳은 포즈도 아니고 구나 절의 종료도 아니다. 그러므로 말끼어들기에 해당되어 담화규칙을 위반하는 경우인 것이다.

다음으로 일상 담화에서 흔히 나타나는 맞장구표현에 대해 살펴보도록 하자. 맞장구표현은 통상 화자 교대를 일시 중단하고 화자의 화자 교대를 확장하기 위해 사용된다. 이것은 상대에게 맞장구를 쳐서 자신이 말을 듣고 있음, 이해하고 있음을 확인시켜주는 역할을 한다고 볼 수 있다(맞장구에는 좀 더 복잡한 기능이 있으나 여기서는 생략하도록 하자.) 다음의 예7을 보자.

例7

1A: あ あの それでは三枚でございますか？

(저, 그러면 세 장이지요?)

2B: いいえ、二枚です。(아니요, 두장입니다)

3A: あっあ、御姉様とお嬢様とおふたりで。

(아아, 손님 본인과 따님 두분이서)

4B: はい。(예)

5A: ということですね。(그렇군요.)

6B: ええ。(예)

이와 같은 타입의 신호(はい、ええ등 제4절에서 상세히 설명)는 메시지가 수신되었다고 하는 것을 상대방에게 피드백 시켜, 청자의 말을 이해하고 주장에 반대하지 않음을 전하는 것이다. 담화 중 이와 같이 맞

장구를 기대하는 것은 자연스러운 것이다. 만일 담화 중 맞장구가 없으면 얼마나 답답하겠는가. 담화 중 맞장구가 없이 침묵이 흐르면 상대의 의견에 반대한다는 뜻을 암시하게 되는 것이다.

1.2.3. 대응쌍(Adjacency pairs)

화자 교대에 있어 가장 중요한 것은 현재의 화자와 다음의 화자간의 협동이다. 다음의 예를 보자.

例8　　朝子：こんにちは　　　　洋子：こんにちは
　　　　(안녕하세요)　　　　(안녕하세요)

例9　　朝子：さようなら　　　　洋子：さようなら
　　　　(안녕히 가세요)　　　　(안녕히 가세요)

예8, 예9는 인사와 헤어짐의 표현이다. 이와 같이 자동적으로 연쇄된 표현을 대응쌍이라고 부른다. 대응쌍은 반드시 「제1부」와 「제2부」로 되어있고 각기 다른 화자로 인해 산출된다. 제1부의 발화는 직접 동일쌍의 제2부의 발화를 유인하게 된다. 대답의 제2부가 산출되는지 않을 경우, 그것 자체가 암시적이고, 특별한 의미를 가지게 된다. 대응쌍의 공백을 메우는 형식에는 다음과 같은 다양한 변형 형태가 있지만, 그 변형 형태들도 모두 반드시 제2부가 필요하다.

例10

제1부	제2부
A: いいことある?	B: いいこと、ないねえ。
(좋은 일 있어?)	(좋은 일, 없어)
A: どう、調子は?	B: なんとか、やってるよ。
(어때, 일은?)	(그럭저럭, 하고 있어)
A: どうしてる?	B: 相変わらずだよ。
(뭐하고 지내?)	(여전해요)
A: 今後、どう?	B. まあまあだよ。
(앞으로는 어때?)	(그저 그래)

예10은 담화의 도입부에 사용되는 연쇄형식이다. 또 다른 대응쌍의 예를 보자. 예11은 a「질문(問い)-대답(答え)」, b「감사(感謝)-감사(返例)」, c「의뢰(依頼)-수락(受諾)」의 연쇄쌍이다.

例11

	제1부	제2부
a	A: 今何時?	B: 一時45分だよ。
	(지금 몇 시?)	(1시 45분이야)
b	A: ありがとうございました。	B: いいえ、どういたしまして。
	(고맙습니다)	(아니요, 별 말씀을)
c	A: これ、手伝ってくれない?	B: いいわよ。
	(이거, 좀 도와줄래?)	(좋아요)

그러나, 반드시 제1부의 직후에 제2부가 나타나는 것은 아니다. 한 가지 「질문(問い)-대답(答え)」의 연쇄쌍이 방치되고, 또 다른 「질문(問い)-대답(答え)」의 연쇄쌍이 중간에 개입되는 것은 흔히 있는 일이다. 이와 같은 연쇄쌍은 (Q1-Q2-A2-A1)의 형식을 하고 있다. 이와 같은 중간쌍을 투입연쇄쌍이라고 부른다. 다음의 예를 보자.

例12

1A: 早い列車をご希望ですね？	(Q1) (일찍 출발하는 열차를 원하시는군요?)
2B: それだと何時に着きますか？	(Q2) (그럼 몇 시에 도착합니까?)
3A: 9時半です。	(A2) (9시 반입니다)
4B: ええ、それにします。	(A1) (네에, 그걸로 주세요)

이와 같이 투입연쇄쌍은 대입쌍의 내부에 있는 대입쌍인 것이다. 예12의 경우 투입연쇄쌍은 「질문(問い)-대답(答え)」의 쌍이지만 그 밖에도 여러 형식이 존재한다. 예13은 「의뢰(依頼)-수락(受諾)」의 쌍 사이에 「질문(問い)-대답(答え)」의 쌍이 투입된 경우이다.

例13

1A: この写真送ってくれない？	(Q1＝依頼) (이 사진 보내주지 않을래?)
2B: 切手張ってる？	(Q2＝問い) (우표 붙어있어?)
3A: うん。	(A2＝答え) (응)
4B: いいよ。	(A1＝受諾) (그래)

예13에서 보는 바와 같이, 제1부 뒤에 대답이 늦으면 반드시 화자의 기대대로 제2부가 온다는 것은 아니라는 것이다. 좀 추상적으로 말하면 대답의 지연은 화자가 대답을 기대하고 있는 대로 돌아오지 않는다는 말이다. 대답의 지연은 기대와 제공 사이의 거리를 낳게 하는 것이 된다. 즉, 대답의 지연은 항상 어떠한 의미를 품고 있는 것이 된다.

1.2.4. 선호구조(preference structure)

대응쌍은 단순히 무미건조한 소리의 흐름은 아니다. 대응쌍은 사회적인 행위이고, 사회적인 행위가 쌍으로 제2부에 나타날 때라도 반드시 그 전부가 균등한 것은 아니다. 기본적으로 말하면 의뢰나 청유가 제1부에 나타나면, 제2부에서는 수락이 올 것으로 예상된다. 구조적으로 보면 수락이 거부보다도 발생할 가능성이 크기 때문이다. (여기서 구조적이란 말은 선호시되는 경우를 무표, 비선호적인 것을 유표하다는 의미로 구조적이란 말을 사용하고 있다. 간단히 말하면 무표는 통상적인 것이고 유표는 통상적이지 않다는 뜻이다.) 이와 같이 구조적 가능성은 선호라 부른다. 이 용어는 사회적으로 결정된 구조 패턴으로 개인적 취향을 말하는 것은 아니다. 좀 전문적인 표현을 사용하여 말하면 선호적인 것은 말(발화)의 내부에 있어 관찰되는 패턴이지 개인적인 희망은 아닌 것이다.

그러므로 제2부는 선호구조에 따라 선호적 사회적 행위와 비선호적 사회적 행위로 분류된다. 쉽게 말하자면, 비선호적인 표현은 선호적인 표현에 비해 상대방의 체면을 손상시킬 수 있는 말이기 때문에, 상대방의 체면을 고려해서 정중하게 말하려는 노력이 필요하고 그만큼 복잡한 형식을 가지게 된다. 대응쌍에서 선호적 사회적 행위와 비선호적 사회적 행위를 다음과 같이 정리할 수 있다.

<선호와 비선호 구조의 일반적 패턴>

제1부	제2부	
	선호적	비선호적
평가	동의	반대
초대	수용	거절
질문	예상된 답	예상못한 답이나 대답 안함
제안	동의	거절
의뢰	수용	거절
요청	수용	거절

그럼 구체적인 예를 한번 보면서 생각해 보도록 하자.

例14

제1부	제2부
A: 手伝ってくれないか？(依頼) (도와주지 않을래?)	B: いいとも (受容) (물론)
A: コーヒーどうですか？(申し出) (커피 할래요?)	B: ええ、お願い (同意) (네, 부탁해요)
A: それって素敵ですね？(評価) (그거 멋지군요)	B: ほんとうに (同意) (정말)
A: 散歩に行きませんか？(提案) (산책가지 않을래요?)	B: はい、ぜひ (同意) (네, 꼭)

예14에서 보면 일반 사람들이 얼마나 선호적 제2부를 기대하고 있는지 알 수 있다. 만일 위의 각각의 예가 침묵이었다고 생각해 보면 아마 화가 날 것이다. 따라서 어떠한 대응쌍에서도 침묵은 항상 비선호적인 응답임은 말할 필요도 없을 것이다. 담화에 있어서 침묵은 금이 아니다.

또한, 대응쌍이 주는 말에 대해 의도적으로 비선호적인 말을 선택하는 것은 언쟁을 유발하고 나아가 인간관계를 위협하는 행위가 된다.

例15

A: 朝子、お茶くれ (요청)
(아사코, 차줘)

B: あなたも手があるでしょう? (질문)
(당신도 손이 있잖아요)

A: 何という言い方ですか? (질문)
(무슨 말투가 그래요?)

B: あなただってこのように言うのではないですか? (질문)
(당신이야말로 그렇게 말하고 있는 거 아니에요?)

例16

A: あの女だれ? (질문)
(저 여자 누구야?)

B: どうして? (질문)
(왜?)

A: 聞いてはいけないの? (질문)
(물어보면 안 돼?)

B: いけないとはいってないでしょ? (질문)
(안 된다고 말한 건 아니잖아?)

예15에서는 담화참가자가 서로(요청)→(질문)→(질문)→(질문)의 형태로 담화가 이루어져있다. 이 경우 질문은 상대방에 대한 공격이 되며 질문이 여러 차례 되풀이해서 나타나면 언쟁이 시작되었다는 증거가 된다. 또 예16의 경우, 질문을 질문으로 받고, 또 다시 질문으로 말을 이어 간다. 즉, 대응쌍은 무시되어 언쟁이 시작되었다는 신호인 것이다. 이와 같이 질문이 세 차례 이상 이어지면 일단 담화에 이상이 있다고 판단하고 담화방법을 바꾸어야 한다.

<용어 해설>

1. 담화(discourse)

문보다는 큰 언어단위로, 어떤 조합을 가지고 전개한 문의 집합. 말해진 것, 쓰여진 것 모두를 포함한 단위.

2. 담화분석(discourse analysis)

커뮤니케이션을 좌우하는 사회적, 심리적 요인에 관한 언어사용의 연구 분야.

3. 화자 교대(turn-taking)

담화에 있어 화자가 바뀌는 현상. 담화의 구조를 이루는 기본적인 현상.

4. 대응쌍(adjacency pair)

담화에 있어서 다른 화자에 의해서 산출되는 연속된 2개의 발화, 제2부는 제1부에 대응한 회답. 대응쌍의 조건은 다음과 같다.

i. 인접해 있다는 것.
ii. 서로 다른 화자에 의해 발화된 것.
iii. 주는 말과 받는 말로 순서가 이루어짐.
iv. 유형화 되어 있어서 특정한 주는 말에 대해서는 특정한 받는 말로 답해야 함.

5. 협력의 원리(cooperative principle)

각각의 담화참가자들이 진행 중인 담화의 주고받음 중에서 상황에 따라 적절한 발화를 한다고 하는 담화의 기본적 개념.

6. Face

사회적 활동에 참여하고 있는 모든 사람들이 다른 사람들에 의해서 인정받고자 하는 욕구와 자유롭고자 하는 욕구, 그리고 간섭받지 않으려고 하는 욕구를 포함하는 사회적 자아상

7. 어용론(pragmatics)

어의미와 문의미와는 구별되는 화자의 의미 연구 분야.

8. 맞장구(backchannels)

상대방의 발화 중 주의하며 듣고 있다는 것을 나타내는 신호, 표의.

9. TRP(Transition Relevance Place)

발화행위의 상호작용에 있어 화자의 교대가 허가된 장소이다. 즉, 현재의 화자가 다음 화자를 선택하여 호칭하거나 고갯짓, 시선, 억양과 같은 신호를 보냄으로써 말할 권한을 넘겨주는 방식으로 이루어진다

10. 언어행위(speech act)

어떠한 의미를 전달하기 위해 발화를 통해 수행하는 행위

11. 기인적 침묵

담화에 있어서 참가자가 발화권을 가지고 있음에도 불구하고 무언으로 있는 행위

12. 중복현상(overlap)

회화에서 두 사람 이상이 동시에 말하는 것.

13. 선호구조(preference)

회화의 연쇄작용에 있어 어떤 타입의 발화가 다른 타입의 발화에 대응할 때 보다 전형적으로 나타나는 패턴.

14. FTA(Face Threatening Act)

타인의 사회적 자아상에 대해 잠재적으로 위협하는 발화, 또는 행위.

15. politeness

타인이 가지고 있는 사회적 자아상을 존중하는 것.

2부
담화 관련 이론 연구

2.1 Politeness이론의 변천과 Face행위이론

본장에서 다룰 이론은 일반적으로 일컬어지고 있는「politeness(정중한)」행위와 특정 언어행위, 어휘적인 요소, 통어적인 구조에서 발생하는「impoliteness(정중하지 않은)」행위를 포함하는 광범위한 관점에서의 분석이며, Brown and Levinson(1978; revised editon, 1987)의 politeness이론을 확장한 것이다. 이와 같은 넓은 사정(射程)을 가진 관점은 Wierzbicka(1985, 1991)가 보여준 것과 같은 언어행위와 politeness의 연구 --특히, 다른 문화상호간의 비교를 포함한 연구--와 같은 사회적.문화 중심적인 관점을 피하고, politeness를 새로이 회화참가자(participants)간의 face행위라는 시점에서 받아들여, 경험적인 연구에 공헌할 수 있는 새로운 face행위이론을 제시하게 된다.

따라서, 본 연구에서는 politeness의 연구에 있어서 face행위이론이 중심이 되어야만 한다는 것을 주장하고, 그렇게 함으로써 비로소 담화상의 의미연구에로의 적용이 가능하게 된다는 것을 보여준다. 또한 이 주장은 청자(hearer)와 화자(speaker)에게 있어서 face의 상호작용을 중심으로 한, face의 상호교환으로 FS(Face-Saving), FTA(Face-Threatening Act), FN(Face-Neutral)이 담화 속에서 어떻게 기능하고 있는가? 또, 담화에 있어서 face의 교환이 사회적인 차이를 초월해 존재한다는 사실, 담화마커(discourse marker)의 담화적 의미기능이 face행위로부터 파생한다는 사실을 명확히 하고자 한다.

본 연구의 구성은 다음과 같다. 1절에서는 Brown and Levinson(1987)의 politeness이론에 대해 소개한다. 2절에서는 Brown and Levinson(1987)의 이론적인 문제점을 「사죄(apology)」표현을 들어 지적한다. 그리고 2.1절과 2.2절에서는 politeness현상에 관한 사회적 규범으로서의 관점과 회화의 원칙으로서의 관점을 소개함과 동시에, 각각의 관점에서는 politeness현상을 명확히 파악할 수 없다는 사실을 보여준다. 그리고 2.2.3절에서는 담화에 있어서 politeness현상을 재검토하고, 청자와 화자와의 사이에 존재하는 담화의 타당성에 대해 소개한다. 2.3절에서는 본연구의 politeness이론에 대한 대립안(對立案)을 제시한다. 즉 담화는 회화참가자 사이의 face행위에서 성립한다는 사실을 명확히 제시하고, 이것이 어떠한 다른 관점보다 politeness현상을 보다 명확히 분석할 수 있다는 사실을 보여주고, 제안된 face행위이론의 타당성에 대해 논한다. 마지막 2.4절에서는 담화에 있어서 담화마커의 특징과 기능에 대해 보여준다. 2.4.2절에서는 청자와 화자의 face의 상호작용에 있어서 담화마커가 어떠한 기능을 하고, 그것이 담화의 흐름을 통해 face행위에 어떠한 영향을 미치는가하는 점에서 담화마커와 FTA의 관련성에 대해 논한다.

2.1.1 Brown and Levinson의 Politeness 이론

Brown and Levinson(1987)의 politeness이론의 기초는 다양한 언어화자가 그 언어를 통해 정보만을 전달하는 것은 아니라는 가정에 의해 성립되어 있다. 즉 Brown and Levinson(1987)은 회화는 참가자가 타인과의 커뮤니케이션을 통해 인간관계를 원활히 하기 위해 행해진다고 주장한다. 우리들은 보통 회화에 있어서 그와 같은 목적을 달성하기 위해 의식직으로 노력하고 있는 것은 아니지만, 실제 그것이 어떻게 행해지고 있는가를 표시해주는 것이 Brown and Levinson의 이론이다. 즉, Brown and Levinson의 생각은 기저(基底)에 있는 추상적, 사회적인 규칙이 매일의 담화에 있어서 우리들의 언어 선택을 지배하고, 규제한다고 하는 것이다(Buck 1997).

Brown and Levinson(1987)은 「상대의 face[1]를 위협하는가 아닌가」라는 것을 언어행위의 이론적인 구조로 설정함과 동시에 politeness strategy를 추출할 때의 출발점으로 하고 있다. 더욱이 그들은 face에 대해, 회화참가자(participants)의 개인적인 욕구(wants)에 따라 두종류로 특징지워진다고 지적하고 있다.

Negative face :

자기의 영역을 침해받지 않을 권리 - 즉, 행위의 자유와 강제로부터의 자유 - 의 기본적이고 소극적(Negative)인 욕구이다.(1987:129)

Positive face :

발화자 쌍방이 요구하는 일반적인 face는 어떤 행위에 의해 소실되기도 하고, 지배되기도 하고, 고양되기도 하는 것이다. 또한 어떠한 방법으로 위협받은 face는 반드시 회화참가자의 상호작용을 통해 관찰된다. 또한 face는 근본적으로 위협받기 쉬운 것이다. 때문에 모든 회화참가자는 만약 자신의 face를 침범받으면 그 face를 지키려고 함과 동시에, 타인의 face를 지키도록 배려한다. 이것은 일반적으로 타인과 좋은 관계를 유지하고 싶은, 혹은 타인의 발화행위를 인정하고 그 것을 고려한다는 행위에 긍정적이라고 하는 이유에서이다.

Brown and Levinson은 politeness이론의 개념을「어떤 종류의 행위는 본질적으로 face를 위협하기 때문에 그것을 완화시킬 수단이 필요하다」(1987:24)라는 사고에 기초해 체계화하고 있다. 그것은 가능한 한 발화중에 회화참가자의 face를 위협하는 행위를 피하는 것이 좋지만, 어쩔 수 없이 회화참가자 --주로 청자에 해당한다-- 의 face를 위협하는 행위를 행해야만 할 때에는, 반대로 상대방과의 공통점을 이용하여 동의(同意)를 구하거나 청자를 화자의 행위 속으로 끌어들이는 방법으로 상대방의 face를 지켜야만 한다는 사실을 의미한다. 이와 같은 행위를 Brown and Levinson(1983)은 politeness strategy라 부르고 있다[(2)].

한편, Leech(1983)는 어떤 형태의 언어행위에는 본질적으로「정중한(polite) 것」과「정중하지 않은(impolite) 것」으로 나누어 생각하고 있다. 그러나 Brown and Levinson(1987)은 그와같은 행위를 본질적으로 청자와 화자, 혹은 양쪽의 face를 위협하는 행위(FTA)라고 생각하고 있다. 이와 같은 FTA는 아래에 기술하는 것과 같이 4가지 측면으로 요약할 수 있다.

(1) FTA to the hearer's negative face.

예를 들면, ordering, advising, threatening, warning 등

(2) FTA to the hearer's positive face.

예를 들면, complaining, criticizing, disagreeing, raising taboo topic 등

(3) FTA to the negative face.

예를 들면, accepting an offer, accepting thanks, promising unwillingly 등

(4) FTA to the speaker's positive face.

예를 들면, apologizing, accepting compliments, confessing 등

(Fraser 1990:229)

이와 같은 FTA로부터 발생하는 바람직하지 못한 상태(즉, face를 위협한다고 하는 행위)는 positive politeness strategy, 혹은 negative politeness strategy를 사용해서, 위협한 face를 보상하거나 혹은 완화시킴으로써 politeness를 실현하는 것이다. 이것은 본래 화자로부터 위협받은 청자의 face -- 화자의 face보다도 -- 를 감소하기 위해 이용되는 것이다. 즉, politeness strategy라고 하는 것은 FTA를 피하고, politeness를 수행하기 위한 하나의 지원방법(supporting rule)에 지나지 않는 것이다.

Brown and Levinson은 FTA의 'weight'(무게) - 예를 들면 청자의 face를 어디까지 위협할 수 있는가 하는 정도 - 와 FTA의 영향으로 예상되는 'redress'(보상행위)의 정도는 다음의 3가지 요소에 의해 계산되고, 측정되는 것이라고 서술하고 있다.

(1) 聽者와 話者의 사회적 거리 (social distance)
(2) 聽者와 話者에게 관련된 상호의 힘 (relative power)
(3) 문화에 의한 부당 요구의 절대적인 지위 (absolute ranking)

(Brown and Levinson 1987:74)

또한 Brown and Levinson은 FTA를 수행하기 위한 가능한 strategy를 분류해 제안하고 있다. 그것을 요약하면 다음과 같이 도식된다 (1987:69).

<그림 1> Possible strategies for doing FTAs

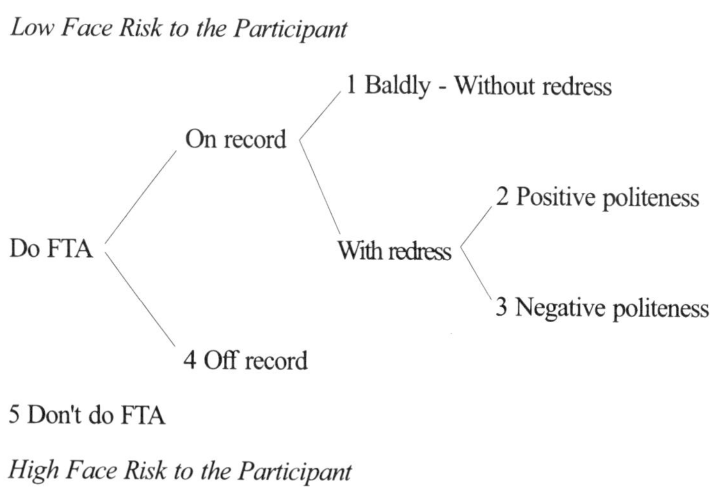

그림1 가운데 1~5의 번호가 붙어있는 분류는 strategy의 선택에 직접 관여하는 5단계의 politeness를 나타내고 있고, 번호가 클수록 politeness의 레벨이 낮다는 사실을 보여주고 있다. Brown and Levinson

에 의하면 상대의 욕구에 반하는 행위는 본질적으로 face를 위협하는 행위이므로 보통사람은 누구라도 이러한 face를 위협하는 행위를 회피하기 위해, 그 위험을 최소화하기 위한 어떠한 strategy를 채용하려고 노력할 것이다. 그 방법의 하나가 off record[(3)](예를 들면, 직접적이 어조를 사용하지 않고, 어렴풋하게 힌트를 제시함)이다. 또 하나의 방법이 on record(직접 진술한다. 부담을 준다)이다. 그 중에서는 Badly-without redressive action(그대로를 말한다)와 with redressive action(어떠한 배려에 기초를 두고 말한다)가 있다. 더욱이 with redressive action에는 positive politeness(상대의 face를 기쁘게 하는 것을 말한다)나, negative politeness(상대의 face를 침범하지 않는 어조를 사용한다)의 양면으로 나누어진다. 이처럼 face를 배려하는 행위는 청자에게 face를 부여하고, FTA에 의해 발생할 수 있는 face의 위험을 중화하려고 하는 행위이다.

이상에서 진술한 5단계에 속하는 strategy는 극히 상세하게 분류되지만, 그 중에서도 우선 politeness의 분석에 관여하는 중심적인 모델이 두 종류의 face에 기초를 둔 'negative politeness'와 'positive politeness' 이다. 이 두 가지를 정리해 보면 다음과 같다.

Negative politeness

상대의 negative face를 침범하지 않으려는 언어행위를 하기 위한 strategy이다. 즉, 상대방의 행동의 자유를 해하지 않도록 배려한 발화를 행함으로써 실현된다. 따라서 negative politeness는 본래 상대방에게 부담을 주지 않을 것을 기본으로 하고, 화자가 청자의 negative face의 욕구를 인정, 청자의 행동의 자유를 방해하지 않는다는 것을 보증하는 것이다.

Positive politeness

상대의 positive face에 걸맞는 언어행위를 하기 위한 strategy이다. 즉, 청자의 자존심을 만족시켜, 좋은 기분이 들도록 하는 적극적인 배려를 가지고 발화함으로써 실현된다. 따라서 positive politeness는 화자가 청자의 욕구(wants)만 달성할 것을 바라고 있는 것을 보여주어서 청자의 face를 지키려고 한다. 예를 들면, 청자는 그룹의 일원, 친구로 간주되기도 하고, 혹은 그 욕구가 이해되어, 선호되고 있다고 간주되기도 하는 것이다.

이 두가지 생각은 담화행위의 성질, 화자와 청자 사이에 발생할 수 있는 상대적인 입장에 따라 서로 복잡하게 영향을 미치고 있는 것이 현실이지만, Brown and Levinson은 positive politeness에 15가지 종류의 보충 strategy(sub-stratege)(4)를, negative politeness에 10가지 종류의 보충 strategy(sub-stratege)(5)를 설정하고 있다. 또한 그들은 positive 혹은 negative politeness strategy의 열거를 첨가해, 어떤 특정의 통어적, 어휘적, 음율적 그리고 어용론적인 특징, 혹은 strategy를 실행하는 수단, 그리고 완전한 strategy로서의 지위를 가진 politeness마커를 명시하고 있다. 그러나 이것은 politeness strategy 가운데 다른 차원의 마커를 포함해서 이용하고 있다는 것을 의미한다. 즉 행동의 strategy(예를 들면, 겸양표현)가 언어적인 strategy(예를 들면, 명목화한다)와 혼합되어 있다는 사실을 의미하는 것이다(Ide: 1989).

Brown and Levinson은 「politeness는 모든 발화에 있어서 의미론적 구조를 명시하고 있지만, 측정 가능한 간단한 신호로서의 방법인 '마커(maker)'와 'mitigators'를 전달하는 것은 아니다」라고 하는 흥미진진한 사실을 진술하고 있다(1987:22). 즉, 이와 같은 관점에서 politeness를 생각해 보면, FTA와 그것을 완화시킬 수단을 의논할 경우, 화자에게 미치는 face의 존재는 사라지게 되고, 청자의 face가 Brown and Levinson의 FTA와 politeness strategy의 양쪽의 대상으로서 중심적인 역할을 하게 되는 것이다. 따라서 화자는 실질적으로 Brown and Levinson의 politeness이론에서는 무시되고 있는 것이다.

다음의 2.2절에서는 Brown and Levinson의 negative, 혹은 positive politeness strategy라는 두 가지의 개념이 politeness에 관한 연구에 어떻게 선택되어, 연구되고 있는가를 살펴 보기로 하자.

2.1.2 Brown and Levinson의 문제점

Brown and Levinson(1987)의 politeness이론과 그 보충적인 개념은 최근의 언어행위(speech act)에 관한 다양한 연구[6]의 기초가 되며, politeness 연구의 이론으로서 도표적인 존재가 되고 있다. 그러나 Brown and Levinson의 이론에 관련된 논문을 살펴보면, 그 이론과 개념의 적용 시점에 있어 여러 가지 불일치가 발생하며, 연구자에게 명해한 기준을 제시해 주지 않고 있다. 이와 같은 문제점은 Brown and Levinson의 개념이 획일적이고, 한정적인 점에 기인하는 것이라 생각할 수 있다(Buck 1997).

Politeness에 관한 연구 가운데, 가장 자주 연구대상이 된 것이 「사죄(apology)」라는 언어행위이다. 이 절에서는 사죄행위를 통해 선행 연구자들이 어떠한 입장에서 그것을 분석했고, 그것이 Brown and Levinson의 개념과 어떠한 차이가 있는가에 대해 고찰해 보기로 하자.

우선 Brown and Levinson의 구조 가운데, 「사죄행위」는 negative politeness strategy로서 분류되고 있다. 그러나 이와 같은 분류, 즉 negative politeness strategy, 혹은 positive politeness strategy라는 이분법(二分法)은 다양한 이론적인 차이를 낳는다(Meier 1995).

예를 들면, Leech(1983)는 사죄행위를 positive politeness strategy로서 분류하고 있다. 또한 Holmes(1990)는 사죄에는 positive face와 negative face 양쪽의 욕구가 있다고 주장하고 있다.

Olshtain and Blum-Kulka(1985)는 사죄strategy를 negative한 측면과 positive한 측면으로 분류하고, 그 사용은 다른 문화에 의해 특징지워진다고 주장하고 있다. 그리고 Brown and Levinson이 주장한 strategy 타입과는 반대로 부당한 요구를 최소화하는 strategy와 강화의 사용과 관련지워 생각하고 있다.

이처럼, 시죄연구에 대한 연구는 Brown and Levinson의 politeness 모델을 사용하고 있지만, 그 용법의 일치는 거의 찾아볼 수 없다. 그것은 strategy의 분류 기준이 종합적으로 결여되어 있다고까지 말할 필요는 없지만, 상당히 애매모호하기 때문에 결과적으로 많은 분석결과가 모순된 결과를 초래하게 되고 마는 것이다(Meier 1994).

또한, Brown and Levinson의 구조의 문제점은 사죄의 연구뿐만아니라, 다른 분야에서도 동일하게 찾아볼 수 있다. 예를 들면 Snow(1990)는 부모가 아이들에게 설교하는 예를 들어 설명을 덧붙이고 있다. 즉, 'Don't say that. That's not nice'(그런 말 해서는 안되요. 그것은 좋지 않은 일이에요)와 같은 예에서는 직접적으로 positive face를 욕구하고 있다고 특징지우고 있다. 그러나, 이 표현이 왜 negative face 보다도

positive face를 유도하고 있는가는 명확하지 않다.

또한, Mclaughlin et al(1983)은 자기(自己)를 정당화(justification)하는 행위를 청자의 face를 위협하는 것으로서 분석하고 있지만, 그것은 정당화가 politeness strategy라는 사실을 배제하고 있다. 그러나, Brown and Levinson에게 있어서는 정당화는 실제 negative politeness strategy로서 이용되고 있다. 이 두가지의 관점을 고려해 봄으로써 정당화는 동일한 행위가 적더라도 이중기능을 가지고 있고, 청자의 face를 위협함과 동시에 완화시키는 행동이라고 생각할 수 있다.

더욱이, Baxter(1984)는 「요구(request)」의 연구와 관련해서 그녀의 피험자들에 의한 부정적, 긍정적인 strategy의 인정이 그 두 가지 사이의 구별의 어려움을 반영하고 있다고 지적하고 있다. 그리고 그 연구 결과는 Brown and Levinson의 strategy의 유형론(類型論)의 「표시(表示)의 유효(有效)(representation validity)」에 의문점이 있다는 사실을 확실히 보여주고 있다.

사회적 'weight'(무게)의 요인 - 즉, 거리, 지위, 힘 - 에 관한 연구에서 Baxter(1984), Mclaughlin et al(1983), Holmes(1990)는 사회적 거리의 변항(變項)은 politeness의 결정요소로서 역할을 하고 있다는 증거를 찾아볼 수 없었다고 했다. 더욱이, Baxter(1984)는 Brown and Levinson의 예측에 반해, 대화자 사이의 보다 친근한 관계는, 보다 적은 정중함보다, 보다 많은 정중함을 결과로서 초래한다는 사실을 발견했다. 또한 강압에 대한 지위(ranking)의 정도는 Baxter(1984)의 연구와 Meier(1992)에 의해 행해진 'repair work'(수복행위 修復行爲)의 연구에 있어서 전혀 영향을 미칠수가 없었다. 더욱이, Malaughlin et al(1983)은 힘(force)을 중요한 strategy의 예견자로서는 생각하지 않았다. 이와 같은 연구 결과로 부터 Werkhofer(1992)는 그것들의 양화量化의 가능성조차도 의심하고 있다. 여기서 주의해 두어야만 할 사실은, 그것들의 카테고리를 양화量化하는 것에 대한 Brown and Levinson의 경고에도 불구하고, 그와 같은 것들이 많은 연구 가운데에서 행해져 온 사실이다(Olshtain and Blum-Kulka 1985 ; Blum-Kulka 1990 ; Rhodes 1989).

이와 같은 Brown and Levinson의 중심이 되는 개념의 다양한 해석과 앞에서 보여준 것과 같은 모순의 발견은 모든 연구간의 비교 가능성을 상당히 약화시킴과 동시에 제각각의 연구결과에까지도 의문을 던지게 되었다.

더욱이, 이상에서 진술한 것과 같은 모순을 명확히 하기 위해 Brown and Levinson의 negative face 혹은 positive face라는 二分法으로 돌아가 고찰해 보기로 하자.

Negative face는 타인으로부터 강요받고 싶지 않다는 욕구나 희망을 포함하고 있고, Positive face는 타인에 의해 자신의 'wants'(욕구)가 충족될 것을 기대하는 것이 포함되어 있다. 또한 Brown and Levinson은 상대방에게 강압을 가하지 않는 언어행위를 negative politeness strategy라고 주장하고 있다. 그러나, 그 강압속에 존재하는 자신의 'wants'(욕구)에서 생각해 보면, 강요하지 않는다고 하는 것은 자신의 'wants'가 충족되지 않는다는 사실이 되므로 positive politeness strategy이다. 또한 반대로 상대방으로부터 강요를 받은 경우를 생각해 보더라도 마찬가지이다. 상대방으로부터 강요받는다는 것은 자신의 자유가 속박되는 것이므로 negative face가 위협받는다. 그러나 상대방으로부터 강요를 받으면 자신의 face가 손상되어, 상대방으로부터 인정받고 싶다는 'wants'가 충족되지 않는다. 즉 positive face가 위협받는 것이다. 따라서 어떠한 negative face를 위협하는 행위를 하더라도 그것은 positive politeness 안에 포함되어 버리는 것이다.

이와 같은 positive face와 negative face 사이의 불투명한 측면이 Brown and Levinson에 의해 특정화된 FTA와 politeness strategy마저도 불투명하게 만들어 버리는 결과를 초래하게 되는 것이다.

또한, FTA와 politeness strategy로서 한정된 행위는 항상 명확한 경계선을 보여주는 것은 아니다. 예를 들면 시죄행위는 Brown and Levinson의 분류에서 보면 negative politeness strategy이다. 그러나 담화 중 자주 사용되는 「please forgive me」「please excuse me」(저를 용서해 주십시오)와 같은 사죄행위는 책임의 요구로서 볼 수가 있다. 즉, 이와 같은 행위는 상대방에 대한 강압이고, 청자의 face를 위협하게 되는 것이다.

더욱이 「요구(request)」는 FTA로서 생각될 수 있지만, 그 문맥에 따라서는 상대방에게 바람직한 이미지를 부여하게 되어, 'solidarity'(결속성)을 보여주는 경우도 있다(Widdowson 1984). 즉, positive politeness의 상태로서 한정되는 것이다. 또한, 「약속(promising)」과 「경의(complimenting)」는 Brown and Levinson의 모순된 상황을 직접적으로 드러내는 것이다. 즉, 두 가지 행위는 FTA로 간주됨과 동시에 positive politenes strategy로서도 간주되고 있기 때문이다. 더욱이 Brown and Levinson 자신도 negative politeness strategy로 사용되는 「겸양(deference)」에는 negative와 positive한 측면이 있다고 주장하고 있다(Meier 1995).

이와 같은 두가지의 strategy 타입 사이의 불선명한 차이에 대해, Ide(1990:76)은 일본어의 접미사「わ」의 연구에서「negative 혹은 positive politeness strategy는 같은 동전의 양면이다」라고 결론짓고 있다.

그런데, Brown and Levinson(1987:21)은 politeness 개념의 사용에 있어서의 문제점을「철저한 분류를 나타내고 있는 것은 아니다」, 또「양적(量的)인 탐구를 위한 자각 가능한 구분의 제공을 필요로 하지 않는다」라고 진술함으로서 인정하고 있는 듯하다. 만약 이와 같은 판단이 정당하다고 한다면 Brown and Levinson의 경험적인 연구의 가치를 본질적으로 바꾸어야만 할 것이다.

그러면, 어떠한 구조를 이용해서 politeness 현상을 파악해야만 하는가? 이하의 절에서는 선행연구로서 분석된 몇 가지의 관점을 소개하기로 하자. 그리고, 그들의 관점이 어떠한 문제점을 가지고 있고, 그 문제점을 해결하기 위한 face행위를 찾아, 제안하기로 하자.

2.2 다양한 관점에서서의 Politeness이론

2.2.1 사회적인 규범(the social-norm)으로서의 Politeness

Politeness의 사회적 규범으로서의 관점(the social-norm view)은 일반적으로 각각의 사회의 politeness의 역사적인 이해를 반영하고 있는 것이다. 즉, 역사적인 축적위에 politeness가 존재하고, 현재에까지 이르고 있는 것이다. 또한 제각각의 사회에서는 다른 politeness가 존재하고 있을것이라는 주장이 이루어지고 있다.

긍정적(positive)인 평가(즉, 정중한 것)는 사회의 규범과 조화된 행위를 행한 경우에 성립하는 것이며, 부정적(negative)인 평가(즉, 정중하지 않은 것. 혹은 무례한 것)는 사회의 규범과 조화되지 않은 경우에 성립하는 것이다. 이와 같은 사실은 영어사회에서는 에티켓과 'good manners'로 다루어지고 있다[7].

즉, 규범적인 관점은 역사적으로 발화 스타일(speech style)과 관련해서 politeness를 생각하고 있는 것이다. 소위 보다 형식적인 행위가 보다 정중함을 증가시켜가는 것이다. 그러나, 예상에서 벗어나는 형식의 행위를 행하면 정중하지 않은(impoliteness), 실례(disrespect), 오만(arrogance)해져 버리는 것이다.

현재는 이와 같은 관점으로 연구하고 있는 연구자는 필자가 알기로는 거의 없다. 다만, 사회적인 변항(變項, social variables)이라는 관점에서 연구하고 있는 연구자는 있다. 사회적인 변항(變項, social variables)은 Brown and Levinson의 politeness strategy(예를 들면 사죄, 요구등), 사회적인 거리(social distance), 힘(power)의 중요성이 언어사회에 따라 다른것이라고 생각하고 있는 연구이다(Ide 1989;Matumoto 1988,1989;Gu 1990).

그러나, 이와 같은 연구는 다른 언어사회에 있어서, 그 사회는 「정중하다」「정중하지 않다」, 「긍정적이다」「부정적이다」, 「직접적이다」「간접적이다」와 같이 이분법으로 확실히 해결할 수 없는 범위로서 특징지우려 하고 있다. 즉, 직접적인 언어행위 혹은 간접적인 언어행위라는 분류는 Brown and Levinson의 구조속에서 positive 혹은 negative라는 이분법과 유사하다. 간접적인 것은 negative politeness와 관계하며, positive politeness보다도 자신의 face를 위험하게 해 보존하는 것(더욱 정중하다)으로서 생각할 수 있다. 또한 이와 같은 불명료한 이분법을 논하기 시작하면 또한 그 분류 기준이 애매하기 때문에 그 구조 자체가 명쾌함을 결여하게 된다.

Adegbia(1985:58)는 「나이지리아에서 politeness는 커뮤니케이션에 있어서 극히 결정적으로 중요하다」라고 해, politeness의 중요도가 낮은 언어공동체가 있다는 것을 암시하고 있다. 또한 Tanaka and Kawade(1982:18)는 정중한 사회와 정중하지 않은 사회를 구별해서 「정중한 사회에서는 명확한 행위(遂行文)는 통상 보기 힘들다」라고 지적하고 있다. 그리고 온화함의 방책이 없는 명령문은 「난폭하다(abrupt)」고 주장했다. 이 사실은 폴란드 사회를 종합적으로 보아 정중하지 않고 난폭한 사회라고 특징지우는 것이 된다. 그러나 Wierzbicka(1985:154)에 의하면 폴란드에서는 명확한 수행문(遂行文)은 제안을 부여하는 전형적인 방법으로, 온화함의 방책이 없는 명령문은 일반적으로 적절한 발화 방법이며 불쾌감을 주지 않는 직접적인 행동이라

느끼고 있고, 보다 부드러운 선택의 하나라고 지적하고 있다.

또한 여성의 경우는 어떤 언어사회든 관계없이 남성에 비해 보다 더 정중하다(Baxter 1984 : Ide 1990)고 지적하고 있다. 또한 Blum-Kulka(1990)에 의하면 politeness는 부모와 자식 상호관계를 구별하기 위해 사용된다고 지적하고 있다. 예를 들면 이스라엘 부모의 경우는 부모끼리는 보다 정중한 언어행위를 하지만, 그 자식에게는 정중하지 않은 언어행위를 한다. 그러나 미국 부모의 경우, 부모끼리의 정중함과 마찬가지로 자식에게도 정중한 언어행위를 하고 있다.

이처럼 부정적, 혹은 긍정적인 방향에서 문화를 식별하는 데는 문제가 있는 것은 분명하다. 이것은 판단기준의 문제가 있을 뿐만 아니라, 그들의 특징이 비교되는 각각의 문화와, 문맥 속에 있는 특정종류의 커뮤니케이션 행위 - 예를 들면, 상호적 혹은 전달적, 보다 관습적 혹은 보다 적은 관습적 - 에 언어행위에 의존하고 있다는 문제점이 있다. 즉, 이와 같은 라벨(label)을 이용해서 politeness 현상을 보는 것은 도움이 되지 않을 뿐 아니라 관념적인 상용구(stereotype), 혹은 언어중심주의를 영구화시킬 우려가 있다.

본장에서는 담화에 있어서 직접성(directness)과 politeness를 측정할 기준을 명확히 하기 보다, 회화참가자가 어떤식으로 face의 상호작용을 운영해 가는가에 따라 그 언어행위가 정중하게 되는 경우와 그렇지 않은 경우가 나타나는 것이라고 생각한다.

2.2.2 회화의 원칙(the conversation-maxim)으로서의 politeness

politeness를 회화의 원칙에서 파악하려고 하는 관점은 Grice(1967)의 「협조의 원리(cooperative principle)」에 기초를 두고 있다. 즉, 이 관점은 회화참가자가 발화행위를 행할 때, 어떤식으로 메시지를 효과적으로 전달하는가 하는 것이다. 이것을 실현하기 위해 Grice(1975)는 회화를 효과적으로 하기 위한 일반적인 원칙을 만들고, 그것을 「협조의 원리」라 불렀다. 「협조의 원리」를 간단하게 설명하면 「말해야만 할 사실을 적절한 때에, 적절한 단어로 말한다」라고 하는 것이다. 이 원리는 다음과 같이 4가지의 원칙에 의해 구성되어있다(Grice 1975:45).

(1) 양量(quantity)의 원칙 :

1 필요하다고 생각되는 양의 정보를 제공하라

2 필요하다고 생각되는 양 이상의 정보를 제공하지 말라

(2) 질質(quality)의 원칙 :

1 거짓이라 여겨지는 사실을 말하지 말라

2 충분한 증거가 없는 사실을 말하지 말라

(3) 관계關係(relation)의 원칙 :

회화의 내용과 관계없는 것을 말하지 말라

(4) 양식洋式(manner)의 원리 :

이해하기 어려운 표현을 피하라

애매모호한 표현을 피하라

간결하게 말하라

순서를 지켜 말하라

이상과 같은 원칙이 깨지면 회화의 언외의 의미(illocutionary meaning)가 발생한다. 예를 들면, 일본인이 많은 음식을 대접하면서 종종「차린 것은 없습니다만, 사양마시고 많이 드십시오」라는 말을 한다. 그것을 문자 그대로 해석하면 거짓말이 되어버린다. 즉, 회화의 원칙은 문구조(文構造)의 적절성을 판단하는 것이 아니라, 회화에 있어서 언어사용에 관한 제약을 의미하는 것이다.

Lakoff(1973)는 Grice의 이론을 회화원리로 채용해 politeness를 설명하려고 한 최초의 연구자 중 한 사람이다. 그녀는 Grice와는 달리 문법적인 규칙의 개념과 문법적으로 적절한 개념을 어용론적인 범위까지 확장시켰다. 그리고 다음과 같이 진술하고 있다.「어떤 언어행동이 어용론적으로 적절한지 아닌지, 만약 부적절한 경우 어느정도 부적절한지를 기술하기 위한 규칙이 있다」(1973:296). 또한 이와 같은 politeness의 범위의 확장에 관해 그녀는 특정한 문구조에 따라 정중한지, 정중하지 않은지가 결정된다고 생각하고 있다. 그리고 politeness는「인간 상호간의 마찰을 감소시키기 위해 사용되는 수단이다」라고 지적하고 있다(Lakoff, 1979:64).

또한, Lakoff(1973)는 어용론적인 언어능력을 두 가지의 원리로 생각하고 있다.

(1) 명료하게 하라. (Be Clear)
(2) 정중하게 하라. (Be polite)

이 두가지 원리는 항상 대립하는 것이다. 즉, 명료함을 잃어버리더라도 상대방에게 상처를 주지 않는 것이 중요하다. 즉, 회화참가자의 관계를 유지하거나 혹은 강화하는 쪽이 메시지를 전달하는 것보다도 중요한 역할을 한다고 하는것이다. 더욱이 그녀는 3가지의 법칙을 만들어, 청자의 기분을 상하게 하지 않도록 하기 위해 따라야만 할 것으로서 제안하고 있다.

법칙 1	강요하지말라.	(Don't Impose)
법칙 2	선택의 여지를 부여하라.	(Give Options)
법칙 3	기분을 상하게 하지 않도록 하라	(Make a Feel Good)

이 3가지 법칙은 화자의 상황판단에 의해 politeness의 타입을 선정, 적용시키는 것이다. 그러나 화자가 발화할 때, 어떤 레벨의 법칙을 사용하면 좋을까를 결정하는 방법이 제시되어 있지않은 것이 문제점이다.

Lakoff보다도 훨씬 더 상세하게 회화의 원칙을 이용해 politeness를 설명하려고 한 것이 Leech(1983)이다. Leech는 Grice의 원칙은 회화를 억제, 혹은 주도하는 것으로 생각해, politeness는 어용론적인 수사修辭의 영역안에서 행해지는 언어행위로부터 회화의 목표를 달성하는 것이라고 주장하고 있다.

Leech이론의 가장 중요한 점은 화자에 의한 언어외행위에 의한 목표와 화자의 사회적인 목표를 구별해서 분석한 점이다. 이 2가지 생각은 인간상호간의 수사修辭와 문맥적인 수사修辭로 분류되어, 사회적으로 특정의 언어행위를 강요하는 것이다. 또한 인간상호간의 수사修辭의 범위내에서 politeness를 다루고, 그것은 Grice의 「협조의 원리(cooperative principle)」「정중함의 원리(politeness principle)」, 「아이러니 원리(irony principle)」라는 3가지의 원리로 구성된다. 각각의 원리는 그의 어용론적 이론속에서는 병렬적인 지위를 차지하고 있다. 「협조의 원리」는 화자의 발화행위가 어떠한 간접적인 메시지인가를 보여주고, 「정중함의 원리」는 왜 이와 같은 간접적인 표현을 사용하는가 하는 화자의 이유를 설명할 수가 있는 것이다.

Leech의 「정중함의 원리」는 소위 청자에게 바람직하지 않은 신념의 표현을 최소화하고, 청자에게 호의적인 신념의 표현을 최대화 할 것을 의미한다. 또한 인간상호간의 수사修辭를 나타내는 부분으로서의 「협조의 원리」와 「정중함의 원리」는 제각각 분리되어, 발화행위에 영향을 미치는 것은 아니다. Lakoff와 마찬가지로 Leech도 「협조의 원리」와 「정중함의 원리」는 종종 어떤 특정 발화의 문맥에 관해 어떠한 메시지를 전하고, 그것을 어떤식으로 전달하는가를 결정하지 않으면 안되는 화자의 심중에 긴장을 만들어 내는 것이라 주장하고 있다. 그리고, Leech는 Grice처럼 그의 이론의 구조 안에서 보다 명확한 분류를 제시하고 있다. 즉, 다음과 같은 6가지의 인간상호간의 원칙을 생각하고 있다(1983:97).

(1) 배려(Tact)의 원칙 :
  a 타인(聽者)에 대한 부담을 최소화하라.
  b 타인(聽者)에 대한 이익을 최대화하라.
(2) 관대성(Generosity)의 원칙 :
  a 자신(話者)에 대한 이익을 최소화하라.
  b 자신(話者)에 대한 부담을 최대화하라.
(3) 시인(Approbation)의 원칙 :
  a 타인(聽者)의 비난을 최소화하라.
  b 타인(聽者)의 칭찬을 최대화하라.

(4) 겸손(Modesty)의 원리

a 자신(話者)의 칭찬을 최소화하라.

b 자신(話者)의 비난을 최대화하라.

(5) 합의(Agreement)의 원칙 :

a 자신(話者)과 타인(聽者)과의 의견의 차이를 최소화하라.

b 자신(話者)과 타인(聽者)과의 합의를 최대화하라.

(6) 공감(Sympathy)의 원칙 :

a 자신(話者)과 타인(聽者)과의 반감을 최소화하라.

b 자신(話者)과 타인(聽者)과의 공감을 최대화하라.

Leech에 의하면 이들 원칙은 모두 똑같이 중요한 것이 아니라, 「배려의 원칙」쪽이 「관대성의 원칙」보다도, 「시인(是認)의 원칙」쪽이 「겸손의 원리」보다도 강한 힘의 제약으로 작용하고 있다고 했다. 그것은 「정중함이라고 하는 것이, 자기보다도 타인측에 강하게 집중한다는 일반원칙을 반영하고 있기 때문이다」라고 지적하고 있다. 또한 부속원리인 a와 b에서는 b쪽의 중요성이 낮다고 생각되며, 이것도 소극적인 정중함(불일치를 피하는 것)쪽이 적극적인 정중함(일치를 구하는 것)보다도 중요하다고 하는 일반 원칙에서 온 것이라고 서술하고 있다(1983:156).

또한 Leech의 경우는 대인관계에 있어서 「배려」라는 정중함을 측정하는 어용론적인 척도로서 3가지를 들고 있다. 첫 번째가 「이익.부담」의 척도이며, 이것은 어떤 언어행위가 청자 또는 화자에게 있어서 어느 정도의 부담 또는 이익을 초래하는가하는 것과 관련한다. 즉, 청자에게 부담이 크다면 정중함은 감소하고, 이익이 크다면 정중함이 증가한다. 두 번째는 「선택성」의 척도이며, 화자가 청자의 반대에 대해 선택의 여지를 어느 정도 남긴 표현을 하는가이다. 즉, 명령문처럼 선택의 여지가 적으면 정중함은 감소하고, 상대방의 의견을 존중하는 표현을 한다면 정중함은 증가한다. 세 번째는「간접성」의 척도이며, 표현의 완곡성의 문제이다. 즉, 표현이 간접적으로 됨에 따라 그 발화 효력은 약해지지만, 정중함은 증가하게 된다. 그러나 이와 같은 경우에도 협조의 원리는 항상 작용하고 있다.

더욱이, Leech는 특수한 상황에 따라 행해지는「상대적인 정중함」과, 특정 화자의 행위에 관련된「절대적인 정중함」의 2가지로 나누어 생각하고 있다. 즉, 발화 외의 행위중에 명령한다는 것은 본질적으로 정중하지 않으며, 상대방에게 무언가를 의뢰하는 행위는 본질적으로 정중하다. 그의 생각 가운데 소극적인 정중함이라는 것은 정중하지 않은 발화외 행위를 최소화하는 것이며, 적극적인 행위는 정중한 발화외 행위를 최대화하는 것이다. 그러나 상황에 따라 행해지는「상대적인 정중함」을 반대로 생각해 보면, 특정 화자의 행위에 관련된「절대적인 정중함」은 존재하지 않게 된다. 즉, 정중함은 특수한 문의 구조와 표현에 따라서는 결정되지 않는 것이다.

또한 Leech는 다양한 종류, 다양한 정도의 정중함이 다양한 상황에 있어서 요구되고 있다고 지적하고 있다. 또한 예의를 확립·유지한다는 사회적인 목표에 어느 정도 관련되어 있는가에 따라 발화외 행위적 기능을 4가지의 형태로 분류하고 있다(1983:104).

(1) 競合型 : 發話外行爲的 목표가 사회적 목표와 競合한다.
예를 들면 命令하는 것, 要求하는 것, 要請하는 것.

(2) 友好型 : 發話外行爲的 목표가 사회적 목표와 一致한다.
예를 들면 提供하는 것, 招待하는 것, 感謝하는 것.

(3) 協調型 : 發話外行爲的 목표가 사회적목표와 관계가 없다.
예를 들면 報告하는 것, 斷言하는 것, 敎授하는 것.

(4) 對立型 : 發話外行爲的 목표가 사회적목표와 對立한다.
예를 들면 脅迫하는 것, 非難하는 것, 罵倒하는 것.

그러나, 이와 같은 제안은 실제 담화분석에 있어서 어떤 원칙이 적용되는가? 어떠한 척도(scale)가 적용되는가? 또는 어떤식으로 명확히 기술할 수 있는가? 경험적인 근거는 있는가? 등의 문제를 포함하고 있다. 또한 명령한다는 행위가 본질적으로 충돌을 초래하고, 연대감을 감소시키거나 혹은 화자의 소극적인 정중함을 요구한다는 주장에는 문제점이 있다고 일컬어지고 있다. 예를 들면 선생님이 학생에게 우수한 답안을 학급의 학생들을 위해 칠판에 쓰도록 하는 장면을 생각해 본다면, 명령하는 행위가 반드시 충돌을 초래하거나, 연대감을 감소시키거나 혹은 화자의 소극적인 정중함을 요구하는 것이 아니라는 사실을 알 수 있다(Friser 1991). 이 문제는 Leech가 발화내행위(發話內行爲)의 제각각의 타입이 결과적으로 정중한가? 혹은 그렇지 않은가? 의 어느쪽이라고 주장하고 있기 때문에 발생하는 것이다. 즉, 이와 같은 사고방식은 효과적인 회화를 성립하기 위해서는 도움이 되지만, 담화의 분석에 있어서는 청자와 화자 사이에 행해지는 FTA와 그 중화, 회화참가자간의 face의 교환이라는 관점이 결여되어 있기 때문에 회화의 목표와 메시지 전달의 방법을 포함한 담화의 모습을 파악할 수 없는 것이다.

2.2.3 Politeness 이론의 재검토

지금까지의 politeness에 관한 선행연구를 살펴보면, politeness는 다양한 방법으로 분석되고 있다. 예를 들면 배려행위, 친근감을 가지게 하는 직접적 발화의 동화, 타당성있는 배려, 그리고 독특한 형식의 이용등을 통해 분석되고 있다.

Craig et al(1986)은 그들이 politeness와 타당성의 혼란으로 간주하고 있는 것을 해결하려고 하는 시도 가운데 'message strategies'와 'social judgement'라는 두 가지 타입의 politeness가 있다고 주장하고 있다. 또한 Janney and Arndt(1992)는 사회적인 politeness와 회화참가자 상호간의 politeness로 나누어 politeness를 재정의하고 있다. 더욱이 Lakoff(1989)는 'polite' 'non-polite' 'rude'의 3가지 단계가 있다고 제안하고 있다. Watts(1992:50)는 사회적인 타당성이라는 보다 넓은 개념을 지지하고 'politic behavior'라는 용어를 소개하고 있다.

본 연구에서는 만약 'politeness'를 사용한다면 그 적절한 정의는 타당성(appropriateness) 속에서 발견되어야만 할 것이라 생각한다. 이와 같은 사고방식은 Zimin(1981), Meier(1995)와 일치하고 있다. 즉, politeness는 사회적으로 용인가능한 것을 행하는 것으로 설명되는 것이다(Fraser and Nolen 1981 ; Gu 1990).

Politeness 현상은 언어행위가 사회적으로 정해진 기준 외에 있는가? 혹은 그 기준 자체의 상호작용인가?에 기초를 둔 것이다(Ehlich 1992). 이와 같은 관점에서 보면, politeness는 특정의 문맥과 특정 청자의 기대와 거기에 부수(付隨)하는 해석과의 관련으로 판단되는 것이다. 즉,

文의 의미의 일부라기보다는 발화의 의미의 일부이다(Zimin, 1981). 예를 들면 몇 가지의 정중하게 말을 거는 방법은 다른 말투보다도 정중하다고는 설명되지 않는다. 어떤 특정의 언어사회 속에서는 약간의 겸양을 전달하는 특정의 상황이 그중의 어떤 상황에 관한 적절함(즉, polite)일지도 모르며, 혹은 부적절(즉, impolite)할지도 모른다. 즉, 특정의 문맥상에서 행해지는 지나친 겸양은 「지나치게 정중하다」라는 인상을 주게 된다. 즉, 「지나치다」라는 것은 부적절함을 내포하고 있는 것이다.

더욱이 Holmes는 「사죄하는 것은 정중하게 행동하는 것이다」(1990:156)라고 지적하고 있지만, 이와 같은 주장은 앞에서도 진술한 바와 같이 지지할 수 없다. 「사죄」와 「정중하다」라는 언어행위는 상황과 그 표현의 사용방법에 따라 특정 상황에서는 경솔한 행위로서 혹은 부적절(정중하지 않은)한 행위로서 여겨지는 경우도 있기 때문이다.

이와 같은 사고방식에서 살펴보면 Brown and Levinson의 politeness의 개념을 또다른 의미로 확장하게 된다. 즉, Brown and Levinson의 구조에 있어서 다양한 언어행위는 단순히 다른 행위에 부대(付帶)하기 위해 사용되는 행위는 아니다. 예를 들면 사죄행위는 그 행위 자체로서 최초의 언어행위를 구성하는 것이다.

이상과 같은 사실에서 politeness는 politeness를 특정의 언어행위, 운율적, 의미론적, 통어론적, 어용론적인 마커에 고유한 것으로 또한 그 자체를 동일시할 수는 없다. 즉, 특정 언어사용과 어떤 표현이 근본적으로 정중하다, 혹은 정중하지 않다든가, 혹은 그 표현을 사용하는 사람들에 의해 결정되는 것은 아니다. 그것은 각각의 언어사회에 따라서 직접적으로, 혹은 간접적으로, 발화를 완화시키기도 하고, 겸손하게도 하는 회화의 수단이다. 그러나 이들 수단이 복수의 언어나 문화에 있어서 기능적으로 동등한 것이라고는 생각할 수 없다. 정중한 표현을 사용하는가? 사용하지 않는가? 에 따라서 어떤 문화가 다른 문화보다, 훨씬 더 정중하다, 혹은 보다 덜 정중하다 라는 일반적인 사고는 성립되지 않는다. 다른 언어사회에서는 동일한 문맥에 있어서 다른 의미를 가지는 언어형식을 사용하는 일은 충분히 있을 수 있다. 즉, politeness는 언어와 문화 사이에 있어서 동등한 기능을 하고 있다고 생각할 필요는 없다는 사실을 잊어서는 안된다. 이른바 politeness를 다른 언어사회에서 나타나는 문맥을, 그대로 자신의 언어표현과 연결시켜 비교해, 그것이 「정중하다, 정중하지 않다」와 같은 식의 분류는 바람직하지 못한 것이다(Meier 1995).

Politeness는 모든 사회에서 타당하고 바람직한 행위라고 하는 의미에서는 보편적인 것이라 말할 수 있다. 물론, 그 기준은 사회에 따라 다른 것도 있다. 예를 들면 일본사회에서는 그룹 속에서의 개인의 지위를 우선적으로 요구할 경우도 있고, 개인이 우선시되는 경우도 있다(Matumoto 1988 ; Ide 1989).

그러나, politeness를 중심으로 하는 문화비교연구는 동일한 문맥의 언어행위를 비교하는 또는 타당성있는 언어행위에 관한 패턴을 확인할 필요가 있지만, 이것은 하나의 언어사용을 다른 언어사용에 대한 판단기준으로 하는 것을 피하는 방법이며, 민족중심적으로 politeness 현상을 분석해버릴 위험성을 감소시키게 된다.

따라서, 사회에 있어서 상호작용을 추가한 훨씬 광범위한 시스템

속에서 행해진 언어행위를 분석하기 위해서는 인간인 이상 보편적으로 존재하는 face라는 개념에서 politeness를 분석할 필요가 있다. 다음의 2.3절에서는 Brown and Levinson(1983)의 구조를 확장한 face 행위 이론을 제안하고 그것이 어떤 방법으로 담화를 분석하는데 타당성이 있는가를 설명하기로 하자.

2.3 새로운 연구의 제안

이 절에서는 지금까지 행해 온 다양한 관점을 기초로 해서 「담화는 face의 상호작용에 의해 성립한다」라는 주장에 기초를 둔 새로운 face 행위이론의 제안을 한다. 이 이론에서는 소위 politeness 현상은 문의 레벨이 아닌 담화의 레벨에서 분석되어야만 할 것이라 주장하고, 담화를 구성하는 요소로서 사용되는 담화마커가 face의 교환과 관련하여 다양한 face기능이 있다는 사실을 명확히 하고 싶다고 생각한다.

여기서의 연구대상은 face와 관련된 여러 현상과 방책, 즉, mitigator, redressive한 표현등이다.

또한 여기서 사용하는 접근방법은 사회적인 특이성을 포함하기 쉬운 politeness의 관점을 버리고, face는 보편적이라는 주장에 기초를 두고 있다. 이와 같은 주장에 기초하는 이론은 담화속에서 회화참가자들이 상호의 face에 주의함으로써 담화를 성립시키려고 한다는 기본적인 입장에 서서 담화를 분석한다. 따라서, 회화참가자의 내적인 대립(conflict)의 실태를 해명하는 것에 도움이 되리라 예측한다.

2.3.1 FTA(Face-Threatening Act)와 mitigator

여기서는 face행위이론에서 가장 중요한 요소인 FTA와 mitigator의 관계에 대해 서술하기 한다.

FTA는 일반적으로 상대방의 face를 위협하는 발화행위를 가르키는 것이다. 우선 FTA가 담화에 있어서 어떤식으로 상대방에게 영향을 미치는가? 어떻게 전달되는가? 그리고 FTA의 존재를 어떤식으로 증명하는가? 를 생각해 보자.

회화참가자는 항상 어떤 특정 집단에 존재하는 표준적인 규칙이 있고, 거기에서 확립된 이미지에 따라 자기 자신의 행위의 기준을 고려해, 언어행동을 행하고 있다.

그때, 회화참가자 상호간에 존재하는 이미지의 차이가 FTA의 원인이 되는 것이다. 예를 들면 회화중에 자주 볼 수 있는 의견의 불일치가 있을 때의 의논에서는 청자와 화자 사이에서 손상된 상호의 이미지를 회복하기 위해 행해지는 언어행위를 볼 수 있다. 즉, 회화참가자는 face를 조작해, 항상 자신과 상대방의 face를 지키려고 하는 것이다. 이와 같은 face행위는 사회적인 타당성을 근본으로 하고 있고, 사회적인 상호작용에 관한 폭넓은 구조로부터 제공되는 경험적인 행위를 요구하고 있다. 즉, FTA가 어떤 때는 mitigator와 redressive한 표현이 요구되는 것이다. 이것은 사회적인 연대감을 유지하고, 확립하기 위한 수단으로서 상호작용적인 발화를 성립시키는 것이기도 하다.

예를 들면, 「本を借りる(책을 빌리다)」라는 의뢰행위를 들어 생각해 보면, 상대방에게 단순히 「本かして(책 빌려줘)」라고 직접적인 의뢰를 하면 그만인 것을, 일부러 「すみませんけど、本貸していただけませんか(미안합니다만, 책 좀 빌려주시겠습니까)」, 혹은 「本ちょっと貸してくださいね(책 좀 빌려주십시오)」와 같은 표현을 사용하는 것은 결국 화자가 「타인에게 무언가를 빌리는 것」이 상대방에게 무언가를 요구한다고 하는 의미로써 타당성이 결여되어 있기 때문이다. 즉, face를 위협하고 있기 때문에 자신의 FTA를 수정해 상대방의 face를 보상하거나, 완화시킬 목적으로 「すみません」, 「ちょっと」, 「ね」 등의 표현이 사용되는 것이다.

또한 항상 자신의 face를 지키려고 한다는 점에서 FTA를 보면, FTA는 화자 자신의 face를 지키기 위한 방책이다. 결국 청자(상대방)의 face는 화자의 face를 지키기 위해 행해진 행위에서 파생되어, 거기에서 비로소 존재하는 것이다. 이와 같은 사고방식은 Gouldner(1960)이 주장하고 있는 「자기중심적인 利己主義(analtruism in egoism)」와 일치하고 있나고 밀할 수 있다.

이와 같은 사실에서 FTA와 FTA와 동반해 발생하는 표현은 화자의 face를 지키기 위한 수단이면서, 종합적인 정보의 명해(明解)함을 잃어버리지 않고 담화를 진척시킬 수 있는 방책이다.

이하, 절에서는 FTA를 포함한 face 행위가 담화속에서 어떻게 행해져, 어떻게 구체적인 방책을 취해 행해지고 있는가에 대해 고찰해 보자.

2.3.2 Face행위 이론

이 절에서 서술하는 face행위이론은 담화에 있어서 Grice(1967)의 협조의 원리와 Goffman(1967)이 제안한 face의 개념을 확장해, 새로운 제안을 하는 것에 있다. 이 접근은 Brown and Levinson에 의한 politeness 이론과는 중요한 점에서 다르다. 그 하나는 문을 초월한 담화의 레벨로써, 비로소 face의 행위가 명확해 질 수 있다고 주장한다.

우선, face 행위에 의한 담화의 성립을 살펴보기로하자.

본 연구에서는 담화는 청자와 화자의 face의 교환에 기인하여 성립한다고 생각한다. 즉, 회화참가자는 서로의 face를 지킨다고 하는 전제에서서, 회화를 개시하는 것이다. 그리고, 회화가 진행됨에 따라 시간, 장면, 맥락에 의해 face의 교환을 조정하면서 담화가 성립해 가는 것이다.

Face는 담화 중에 다양한 차원으로 나타남과 동시에 담화의 목적, 구조에 의해서도 그 표현방식이 달라진다.

그 하나가 「일반적인 face」라고 하는 차원이다. 이것은 담화가 성립하기 위한 필수조건이며, 습관을 통해 부여된 회화의 조항이다. 즉, 화자는 평상시의 회화로 발화교대를 기대한다든가, 서로 이해할 수 있는 언어를 사용한다든가, 큰 소리로 상대방에게 들리도록 명확히 이야기한다든가, 신중히 이야기를 한다는 등과 같은 것이다. 이와 같은 「일반적인 face」는 Grice(1967)가 말한 협조의 원리를 준수하고 있음과 동시에, 회화를 유지하기 위한 기본적인 요소이기도 하다. 더욱이, 이 「일반적인 face」가 무너지면 담화자체가 성립하지 않는 경우도 존재한다.

또 하나가 「사회적인 face」라는 차원이다. 이것은 회화참가자들의 사회적인 계약에서 성립하는 것으로써, 사회적인 face와 관련된 조항이다. Fraser(1990)에 의하면 교회에서는 커다란 목소리로 회화를 할 수 없으므로, 속삭이듯이 회화를 한다든가, 법정 안에서 증인은 재판관의 질문이 있을 때만 이야기를 할 수 있다는 등과 같은 사회적인 약속에 의한 조항이다. 만약 이와 같은 조항을 깨뜨리는 행위를 하면 사회전체의 face를 위협하게 된다. 예를 들면 죄인의 이름을 배이름(船名)으로 해버린다면, 그 사회전체의 face가 위협받게 되는 것이다(Fraser 1990:233).

마지막 차원은 「회화참가자의 상호작용속에서 행해지는 face」이다. 통상의 담화에서는 이것이 가장 중요한 역할을 하고 있다. 이것은 전달내용의 상황에 따라 결정되는 것으로써, 개별적인 것이라 말할 수 있다. 즉, 사회적인 지위, 힘과 같은 요소에 의한 회화참가자의 인식, 혹은 이해, 또는 각각의 화자의 역할, 놓여진 상황의 본질과 같은 조항이다. 예를 들면 어린이의 경우, 부모가 어떤 일을 할 때 그것을 인가할 권리가 없다든가, 친한 친구들 사이에서는 그 사람에게 명령을 할 수 없다든가, 종업원은 자유로이 사장의 험담을 할 수 없다든가, 의사는 환자의 개인적인 사항에 대한 질문은 피해야만 한다든가와 같은 것이다(Fraser 1990:233). 즉, 이와 같은 조항을 깨뜨리는 것은 FTA를 성립시켜, 상대방의 face를 위협하게 된다. 그러나 이 조항을 깨뜨리는 것이 항상 FTA가 되는 것은 아니다. 예를 들면 친구끼리의 경우에 행해진 FTA의 교환은 중화되는 경우가 있으며, 부모가 자식에 대한 FTA도 중화되는 것이다. 결국, 회화참가자의 상호작용에 의한 것이다.

담화의 성립은 올바른 face 행위의 인식에 의해 구성되어, 지속되는 것이다. 이 구조에서 politeness를 고려해보면, 만약, 정중하다는 것이 담화의 흐름속에서 face 행위가 올바르게 행해지고 있다는 사실을 의미한다고 하면, FTA가 존재하지 않는 경우라도 politeness가 존재한다고는 말할 수 없으며, 담화를 politeness 이론으로 분석하는 것은 타당하지 않은 것이다.

또한 politeness는 어떤 행위를 나타내는 것은 아니다. 이성적인 회화참가자는 자신의 발화 가운데 혹은, 상호간의 발화가운데에서 각각의 face에 주의하면서, face를 지키기도 하고, 위협하기도 한다. 그러나 회화참가자가 face에 주의하지 않을 때, 대부분의 담화에서 face를 위협하는 행위가 발견되고, 소위 정중하지 않은, 무례한 행위가 되어 상대방으로부터 반발을 사기도하고, 스스로 보상행위를 하지 않으면 안되게 된다.

또한 Grice(1975)의 「협조의 원리」는 모든 담화에 존재하고 있는 것으로 기대된다. 회화참가자인 사람이 상대방에 대해 정중한지 아닌지의 규범으로서가 아니라 오히려, 화자가 face의 상호작용 속에서 FTA를 행하는가 아닌가하는 점에 주의하는 것이다. 즉, FTA를 행하지 않으면 문제는 없지만, FTA가 행해지면 정중하지 않다고 말할 수 있다. 또한 이처럼 face를 지키는 것은 Lakoff(1973)와 Leech(1983)가 말한 「청자의 기분을 좋게한다」는 것, 혹은 Brown and Levinson(1983)이 말한 것과 같은 「청자의 기분을 나쁘게 하지 않는다」라는 것을 포함한 보다 넓은 사정(射程)을 가진 개념이다. 즉, 화자와 청자에게 주어진 상황 속에서 face의 교환을 잘 양해하면서, face에 주의하는 것이다.

또한 청자에 대해 화자가 가지고 있는 의도는 담화에서 독립되어 있을 때는 이해할 수 없는 것이다. 문 그 자체는 정중하지 않으며, 또한 많든 적든 언어라고 하는 것은 정중하지 않다(Fraser 1990:223). 예를 들면 담화에 있어서 사죄표현의 경우, 반드시 정중하다고만은 말할 수 없다. 다만, 화자가 정중할 뿐이며, 특정의 담화가운데에서 face의 교환이 지켜지고 있을때만, 담화는 정중하다는 것을 의미한다. 반대로 말하면, 청자가 face를 FTA되었다고 생각하고 있을 때, 정중하지 않다는 것을 의미한다. 또한 어떤 종류의 회화에서는 FTA를 행하고 있는가, FTA를 의도해서 발화하고 있는가를 파악할 수 없는 것은 일반적인 face와 사회적인 face에 의해 face가 보존(保持)되고 있거나 혹은 FTA가 중화되어 있기 때문이다. 다만, anti-FTA 마커와 redressive 표현이 나타날 경우에 비로소 화자로부터의 FTA가 있었던 사실을 파악할 수 있다.

이와 같은 관점에서 살펴보면, Brown and Levinson이 politeness 현상이라고 생각해 온 대부분의 개념을 포함하는 strategy는 의도된 경의(敬意)로서 다루어지기 보다, 훨씬 더 넓은 범위의 것을 다룰 수 있게 된다. 이와 같은 개념의 범위의 확상에 의해, 특정의 문구조(文構造)에 의해 정중한가, 정중하지 않은가가 결정되는 것이 아니라, 담화상에서 청자와 화자의 face의 교환으로 politeness가 보존되고 있는가 아닌가가 결정되게 되는 것이다. 즉, politeness라는 현상은 발화자 상호간의 face의 보존와 FTA의 중화에 의해 성립하는 것으로서 생각해야만 한다.

더욱이, 이 제안은 Lakoff와 마찬가지로 문법적인 규칙의 개념을 담화의 범위에까지 확장시켜, 그 언어행위가 face행위로 보아 적절한가 아닌가, 만약 부적절한 경우 어느정도 부적절한가를 기술하기 위한 규칙을 형식화하는 것을 가능하게 한다. 바꾸어 말하면, 담화에 있어서 정보의 명백함을 잃어버리지 않고 face를 지키는 수단이 이용되는 것을 보여줄 수 있는 것이다.

따라서, 본 연구는 담화를 다음과 같이 6개의 규칙에 기초해 분석한다.

담화에 있어서 face 행위규칙

규칙1 : 담화는 face의 교환이고, 그 안에서 FTA를 중화(中和)하기도

하고, 완화시키기도 한다

규칙2 : Mitigator가 있으면 FTA가 있다.

규칙3 : Anti-FTA가 있으면 face가 위협받고 있다.

규칙4 : 담화에서는 일반적으로 redressive한 표현에 의해 FTA를 중화(中和)하는 방책을 취한다.

규칙5 : FTA를 유효하게 사용하기 위한 방책이 있다.

규칙6 : Face행위에는 기본적으로 face-saving, face-neutral, face-threatening의 3가지가 있다.

이상의 규칙은 담화에서 발화의 적절함을 판단할 수 있는 것이다. 즉, face행위에 의해 의존되는 적절함은 face가 어떤식으로 지켜지고 있는가, 어떤식으로 위협받고 있는가, 만약 위협받고 있다고 하면 어떤식으로 위협받고 있는가를 기술하는 규칙이다.

담화는 face의 교환으로 성립된다고 한다면, 청자와 화자의 face행위가 포함되는 담화표현이 가지는 FTA기능에 초점을 두고 보면, 몇가지 담화 패턴이 존재한다는 것을 예측할 수 있다.

패턴1 : FTA가 중화되어, 담화가 중립적인 경우.

패턴2 : FTA가 중화되지 않고, face의 교환을 빈번히 볼 수 있는 경우. 즉 바라지 않는 메시지를 전할 경우.

① face에 주의해 바람직하지 않은 메시지를 전할 때.

② face를 크게 위협할 때.

③ face를 redress하면서 행해질 때.

패턴3 : 일부에 FTA가 나타날 경우.

패턴1은 담화의 흐름속에서 청자와 화자는 FTA가 의식되지 않은, 혹은 의도되지 않은 경우이다. 이때는 anti-FTA 마커와 redressive한 표현을 볼 수 없다. 즉, 화자와 청자가 서로의 face에 충분한 배려를 해 서로가 상대방의 face를 보존하는 방법으로 담화를 진전시키는 경우이다.

패턴2는 화자와 청자가 서로 FTA를 느끼고, 그것에 대한 반발을 행하는 경우이다. 이 경우는 패턴1의 담화와는 달리 빈번하게 anti-FTA 마커와 redressive한 표현을 볼 수 있는 것이 특징적이다. 즉, 회화참가자는 항상 발화를 자기중심적으로 이끌어, 자신의 face를 지속적으로 지키기 위한 방법이다. 소위, 상호토론, 논쟁, 의견의 충돌과 같은 담화에서 자주 볼 수 있다. 그러나 그와 같은 행위를 지속하면, 담화가 중단되든지, 담화자체가 이어지지 못할 염려가 있을 것으로 예측된다. 그 때문에 발화자는 발화 도중에 화제를 바꾸거나, mitigator나 redressive한 표현을 사용해, 상대방으로부터의 FTA를 중화하려고 하는 방책을 취해 담화를 관리하고 있는 것이다.

마지막의 패턴3은 담화의 흐름속에서 어떤 일부분의 발화에 FTA가 나타나는 경우이다. 이와 같은 경우는 청자가 화자로부터의 FTA를 중화하기도 하고, 참기도하고 해서, 상대방에게 새로운 FTA를 행하지 않는 담화에서 볼 수 있다.

여기서, 담화에 있어서의 face 행위규칙1을 생각해보면, 보통의 담화는 앞에서 제시한 3가지 패턴에 의해 담화가 형성되어, 회화참가자가 서로의 face를 교환하고, 그때 발생하는 FTA를 회화참가자간에 서로 중화하기도 하고, 완화시키기도 한다.

더욱이, 담화에 있어서 face 행위규칙2는 상대방에게 FTA를 행할 때, 상대방의 face를 완화시키기 위한 수단이다. 즉, 담화의 발화중에 mitigator를 볼 수 없으면 FTA는 행해지지 않았다는 것을 의미한다. 그러나 상대방이 mitigator를 이용해, 상대방의 FTA를 완화시키는 수단을 취하더라도, 그 행위에는 본래의 FTA가 존재하고 있다. 보통, 발화에서는 mitigator에 의해 FTA가 중화되어버리지만, 그렇지 않은 경우가 있다. 그것은 담화에 있어서 face 행위규칙3에서 보여준 것과 같이 anti-FTA 마커를 볼 수 있는 경우이다. 이것은 자신의 face가 위협받고 있다는 사실을 인식하고, 상대방에게 그것을 알림과 동시에, 반발하기 위해 사용되는 것이다.

이와 같은 anti-FTA 마커는 소위, 담화 중에 자주 볼 수 있는 역설을 나타내는 「でも」, 「だから」, 「だって」와 같은 담화 마커이다. 더욱이 담화에서는 일반적으로 redressive한 표현에 의해 FTA를 중화하는 방책이 있다(담화에 있어서 face행위규칙4에 해당됨). 이것은 발화중에는 face를 지키는 표현이 있다는 사실을 의미한다. 바꾸어 말하면, 담화 중에서 청자의 부담(cost)을 줄이는 표현이다. 이와 같은 표현에는 Leech(1983)의 상호관계와 관련된 원칙(interpersonal maxim)에 포함되는 6가지의 표현등이 포함될 것이다. 규칙4의 표현은 Meier(1995)가 주장하고 있는 수정작용(修正作用)(repair work)이 작용한다는 것을 의미한다.

지금까지 보아온 규칙(규칙1~4)은 어떠한 언어사용에도 보편적인 것이지만, 마지막 규칙인 「FTA를 유효하게 사용하기 위한 방책이 있다」는 그 언어를 사용하는 사회에 따라 결정되는 특정적인 것이다. 즉,

언어표현에 한정되지 않는 언어개별적인 것이다.

또한 규칙5, 규칙6과 같은 관점을 이용하면, Hayasi(1996)가 말한 「담화에는 FTA를 포함해, 바람직하지 않은 발화가 어떤식으로 전달 내용을 전달하는가, 그와 같이 전달하는가」하는 의문에 대답할 수 있다. 예를 들면 Fraser(1990)가 주장하고 있는 회화계약관점(會話契約觀點)(conversation-contract view)에서는「담화상에 존재하는 계약을 지켜, 담화를 순조롭게 진전시키는 것이 politeness이고, 그 계약을 깨뜨리는 것이 impoliteness이다」라고 하고 있다. 그러나, 담화 중에는 정중하지 않은 행위를 의도적으로 행해, 그 계약을 지키는 상황이 있다. 예를 들면, 군의 교관과 사병의 경우이다. 즉, Fraser(1990)의 관점으로는 의도된 FTA에 대해서는 설명할 수 없다. 그러나, 본 연구에서 제안한 face 행위이론은 impoliteness strategy도 포섭할 수 있다.

더욱이, 이상과 같은 관점은 담화에 있어서 타당성과 적절성이 face 행위로부터 파생한다는 것을 보여주고 있는 것이다. 즉, 담화에 FTA가 존재한다고 예측될 때, 회화참가자가 mitigator와 보상행위라는 발화행위를 동반한다고 하는 것은 face행위에 의해 그 행위의 타당성과 적절성을 보충한다고 하는 것을 의미하는 것이다. 물론, 여기서는 文의 표현에 있어서의 타당성을 의논하는 것이 아니라는 사실을 잊어서는 안된다.

담화마커 중에는 주로 face에 관한 표현이 있다. 다음의 절에서는 발화의 흐름중에서 화자로부터의 FTA가 존재하는 사실을 알리는 기능과 더불어 반발하는 기능을 가지고 있는 anti-FTA 마커에 대해 살펴보기로 하자.

2.4 담화 마커와 FTA 기능

2.4.1 담화 마커의 정의

담화 마커는 문장의 서두 부분에 나타나는 어휘나 구와 같은 것(예를 들면,「ても」,「だって」,「だから」,「あいづち표현」등)으로 문장의 구조와는 관계없이, 독립한 형태이고, 현재의 문맥(current message)과 앞에서 진술한 문맥(prior message)의 관계를 보여주는 것이다. 지금까지의 선행연구에서는 담화마커를 'discourse particle', 'pragmatic connectives', 'discourse connectives'라 언급해, 넓은 기능적인 범위로 연구되어 왔다.

이 연구에서는 담화 마커를 담화의 흐름속에서 발화교대(turn-taking)시에 pre-starts로써 나타나, 청자와 화자간에 행해지는 언어행위를 표시하는 것이라 생각한다. 우선, 본 연구에 있어서 담화 마커의 표현과 기능에 대해 몇 가지의 선행연구를 참고하면서 고찰하려고 한다.

담화 마커에 대한 본연구의 근본적인 개념은 의미론적인 관점에서 청자와 화자의 관계를 어떤 식으로 관련시키는가 하는 것이다. 즉, 전텍스트(prior text)에 나타난 정보를 어떤식으로 표시하고, 이어지는 표현과 관련성을 초래하는가하는 것이다. 담화마커에 대해 Schiffrin(1987)은 'sequentially dependent elements which bracket units of talk'라고 진술하고 있다. 또한 Schiffrin의 'units of talk'의 개념은 확실한 정의를 내리고 있지 않기 때문에 상당히 애매모호하다. 이것은 특정 종류의 'unit'를 정의에 연결시키기 보다, 오히려 'units of talk'는 분석시에 다른것으로써, 다양한 종류, 사이즈의 'unit'가 되기 때문이다(Schourp

1988:634). 즉, 각 연구자가 연구의 목적에 따라 torn groups, sentences, actions, verses 등과 같은 다른 기준으로 'units of talk'를 정의할 수 있다는 것을 의미한다.

그럼, 담화 마커가 어떠한 범위로 구성되어, 어떻게 특징지워져 있는가를 살펴보기로 하자. 담화 마커로서의 성질과 특징을 종합해보면 아래와 같다[8].

1. 전통적인 문법 범주를 초월한 다양한 어휘로부터 성립.
2. 문의 실질적인 의미에 아무것도 첨가하지 않는다.
3. 문중에서 마커로서만 기능한다.
4. 문과 구로부터 따로 떼어낸다.
5. 담화 중의 요소간의 관계를 나타낼 수가 있지만, 이것은 마커의 특징에 의한 것이다.
6. 담화의 서두에 사용된다.
7. 담화에 있어서 특정의 연속관계를 나타낸다.
8. 추정적인 의미해석에 작용한다.
9. 전문과 후문의 관계방법에 대해 관여하여 그 관계를 창출하는 것은 아니다.

이하에서는 위에서 언급한 담화 마커로서의 성질과 특징을 상세하게 살펴보기로 하자.

담화 마커는 전통적인 문법범주를 초월한 다양한 어휘로부터 성립하는 것이다(Fraser 1990)(Bruce Fraser 1990참조). 일반적으로 담화 마커로 사용되는 것은 다양한 범위의 것이다. 예를 들면 Fraser(1990)는 담화 마커를 다음과 같은 것이라고 분류하고 있다. 그것은 부사적인 표현

(adverbials, 예를 들면 now, still), 메타언어(meta-talk, 예를 들면 to repeat, what I mean to say), 동사(verb, 예를 들면 see, look), 감탄사(interjections, 예를 들면 well), 관용적인 文(idiomatic phrases, 예를 들면 while I have you), 등위접속사(coordinate conjunctions, 예를 들면 and, but), 그리고 종속접속사(subordinate conjunctions, 예를 들면 so, however)이다. 또한 Schiffrin(1987)은 'oh,y'know'와 같은 전치사(particle)도 담화 마커로 포함하고 있다. 또한 어휘적인 항목(lexical items)에서 attention-getters(예를 들면, listen, lemme tell you), 지시적 표현(deictic expressinons, 예를 들면 hear, there), 감탄사(interjections, 예를 들면 Boy!) 등도 담화 마커로 인정하고 있다. 더욱이 그녀는 paralinguistic 특징과 체위와 눈의 움직임등과 같은 비언어적인 요소까지도 담화 마커로서 포함하고 있다 (Schiffrin 1987참조).

본 연구에서 다루고 있는 담화 마커는 일본어의 문법적인 범주에서는 접속사(でも、たって、だから、など)라 부르는 것과 전치사(はい、ええ 등의 맞장구 표현)이다. 이들의 표현을 담화의 연속성으로 관찰해 보면, 자신의 발화에 초점을 맞추는 attention-gatters와 highliting라 하는 새로운 어휘적 요소를 발견할 수 있다. 즉, 본 연구에서 대상으로 하고 있는 것은 문법적인 범위에서 다루어지는 것이 아니라, 담화의 연속성 가운데에서 청자와 화자를 중심으로 성립하는 담화 마커이다.

담화 마커는 문의 실질적인 의미에 아무것도 첨가하지 않은 것이다 (Bell 1995). 즉, 문의 대용표현(代用表現)의 작용성(scope)에 들지 않는다. 다음의「でも」를 예로 생각해 보자.

(1) 1A : 静子も行くから飲みに行こう。 (静子도 가니까 마시러 가자)

2B : でも、いきたくないんだよ。　　(하지만, 가고싶지 않아)

3A : それは困ったなあ。　　(그거 곤란하군)

이 경우, 3A의 「それ」는 문의 대용표현이고, それ(그것)가 지시하는 내용은 화자 2B가 가고싶지 않다고 하는 것이며, 「でも」는 포함되지 않는다. 이것은 「でも」가 문의 내용에 직접 공헌하지 않고, 형식의미론에서 논해지는 의미의 외측에 속하는 것이라는 사실을 보여주고 있다. 즉, 담화 마커는 문과 구로부터 따루 떨어뜨리는 것이다. 또한 그 때 사용되는 담화 마커는 문중에서 마커로서 기능하게 된다.

또한 담화 마커는 담화 중의 요소간의 관계를 나타낼 수 있지만, 이것은 마커의 특징에 의한 것이다(Halliday and Hasan 1976). Halliday and Hasan(1976)은 지시사가 포함되어 있기 때문에 담화 마커라 하기 보다도, 오히려 conjuncts, adjuntion이라고 주장하고 있다(Quirketal (1985)도 동일한 사실을 주장하고 있다). 예를 들면, 일본어의 「だって」와 「でも」는 각각 「それだけれども」, 「それでも」처럼 해석할 수 있기 때문에, 반드시 「それ」라는 지시사가 포함되어 있다. 즉, 앞 문장의 adjunts로 생각할 수 있다. 이 사실은 통어적으로 문과 구로부터 따로 떨어뜨린다는 것에 위반하게 된다.

그러나, 본 연구에서 다루는 것은 pre-starts로서 사용되고 있는 접속사이다. 예를 들면 문중에 사용되는 「でも」는 「~でも~」처럼 통어적으로 명확히 따로 떨어뜨릴 수 없지만, pre-starts로서 사용되는 「でも」는 따로 떨어뜨릴 수 있기 때문에 담화 마커로 간주할 수 있다. 또한 지시사로서의 기능을 잃어버림으로서 pre-starts로서 사용된다고 생각할 수 있다. 추정적인 의미해석에 관한 것, 본질적인 의미의 관련성, 혹은 지시성의 일부 혹은 전부를 잃어버린다. 따라서 지시사적인 요소가 포함되어 있는 「だって」와 「でも」도 담화 마커로서 사용할 수 있다. conjuncts, adjuncts라 생각되는 것은 문중에 사용되고 있는 경우이며, pre-starts로서 담화에 나타나는 경우는 담화 마커로 생각해야만 한다.

담화 마커는 통상 담화의 서두에 사용되는 것이다. 이것은 담화 마커를 특징지우는 하나의 커다란 요인이다. 일반적으로 접속표현으로서 문맥 가운데에 사용되는 「でも」의 경우, 반드시 문의 서두 부분에만 한정해 나타나는 것은 아니다. 예를 들어보자.

(2) 1A : 彼はちょっと背が小さいよ。でも、本當にいい人だよ。
(그는 키가 좀 작아요. 하지만, 정말 좋은 사람이에요)

(3) 1A : 昨日食べた壽司おいしかったね。
(어제 먹은 초밥 맛있었죠)
2B : でも、少し高かったよ。
(하지만, 조금 비쌌어요)

(2),(3)의 「でも」는 발화의 흐름속에서 앞의 문과 이어지는 문의 대조관계를 나타내는 접속표현으로서 사용되고 있는 예이다. 즉, (2)는 자신의 발화 중에 나타나는 경우이고, (3)은 화자로부터의 발화교대시에 pre-starts로서 나타난 경우이다. (2)의 경우는 「彼は背が小さい(그는 키가 작다)」라는 앞의 문에 대해, 그에 반하는 「いい人だ(좋은 사람이다)」라는 사실을 대조시키기 위해 「でも」가 사용되고 있다[9].

한편, (3)의 경우는 「壽司はおいしかった(초밥은 맛있었다)」라는 화자의 발화행위에 반발하기 위해 「でも」가 사용되고 있다. 그 결과, 청자는 「でも」에 의해 반발한 이유가 이어지는 표현을 사용해 나타내고 있다. 즉, 「でも」는 화자와 청자의 발화행위를 대조시키는 마커인 동시에, 화자가 요구하고 있지 않은 정보의 보충과 확장을 하는 작용을 한다. 이와 같은 담화 마커는 담화의 흐름속에서 계획되었다고 하기보다는 즉흥적으로 발화의 서두 부분에 나타내어, 화자의 발화를 전환해, 어떤 전환인가를 알리기도 하고, 한정하기도 하는 신호이다.

담화 마커는 담화에 있어서 특정의 연관관계를 보여주는 것이다(Fraser 1990). Fraser(1990)에 의하면, 담화 마커는 표현에 의해 분류되어, 화자의 기본적인 메시지를 어떻게 생각하고 있는가를 뒤에 이어지는 발화와 관련지우는 작용을 하고 있는 것이다(1990:387). 즉, 담화 마커가 앞의 문장을 받아, 그것에 이어지는 문장을 이끌어 가는 것이라 생각하면, 당연히 전후의 발화에 관련성을 갖는 것이다[10]. 예를 들면 일본어의 「はい」, 「ええ」와 같은 「맞장구」는 상대방의 발화에 대해 이해하고 있다고 하는 의사를 보여주는 것이며, 그것을 명확히 상대방에게 전달하는 역할이 있는 담화 마커이다.

담화 마커는 담화에 있어서 의미해석에 작용하는 것이지만, 추정적으로 작용하기 때문에 의미를 바꾸거나 하지는 않는다(Blakemore 1992). 소위, 일본어의 경우 예를 들면, 「だって」「でも」와 같은 것이 오면, 상대방에게 FTA가 행해지는 요소가 올 것이라고 예측된다. 또한 담화 마커는 전문(前文)과 후문(後文)의 관계방법에 대해 관여할 뿐, 그 관계를 창출하는 것은 아니다(Blakemore 1992). 즉, 어떠한 관계인가를 지시

하는 것이다. 예를 들면, 담화는 face의 교환이라고 생각할 때, 화자에 의한 FTA가 행해지면, 그 FTA에 반발하는 anti-FTA라는 마커가 사용될 것이라 예측된다.

이상과 같이 담화 마커는 담화의 연속 속에서 화자와 청자, 양쪽의 의미관계를 나타냄과 동시에 청자가 화자의 발화를 어떻게 반응하는가, 혹은 이어받는가를 나타내는 기능을 하고 있다는 것을 알 수 있다. 즉, 담화의 시종 일관성(始終一貫性)(coherence)에 도움이 되는 것이라 말할 수 있다.

한편, 담화의 흐름 속에서 담화 마커와 동일한 위치에 나타나는 필러「埋め込み表現」(filler)이 있다. 이 표현에는 발화(發話)를 길게 늘어뜨리거나 혹은 애매모호하게 하는 작용은 있지만, 청자와 화자의 상호관계를 나타내는 기능은 없다.

이상으로 담화 마커의 성질과 특징에 대해 진술했다. 특히, 앞에서 진술한 담화 마커의 성질 가운데 7.8.9와 같은 요소는 회화참가자간에 행해지는 face행위와 특히 많은 관련이 있다. 다음 절에서는 face 행위 이론의 관점에서 담화 마커를 고찰하고, 담화상 어떠한 역할을 하고 있는가를 살펴보기로 하자.

2.4.2 담화 마커와 face행위

FTA의 연구는 문 레벨을 초월해 담화 레벨로 분석해야만 한다는 것에 대해서는 앞의 제2절에서 진술했다. 이 절에서는 담화의 흐름속에서 청자와 화자의 발화교대(發話交代)시에 pre-starts로서 나타나는 담화 마커가 FTA의 기능을 가진다고 하면, 발화내(談話內)에서 어떠한 기능을 가지고, 어떻게 face행위와 관련하고 있는가하는 문제에 대해 살펴보기로 하자.

담화는 일반적으로 文보다 커다란 언어단위(unit)로서 어떤 통합을 가지고 전개된 문의 집합이다. 또한 발화의 통합은 단순히 내용면에서 뿐만 아니라, 다양한 기준에 의해 규정할 수 있다(Schiffrin 1989).

담화에 있어서 일관성(discourse coherent)을 창출하거나 혹은 설명하는 것은 청자와 하자의 상호작용 간에 발생할 수 있는 몇 가지 다른 지식[(11)]에 의존하고 있다(Schiffrin 1987). 그중에서 담화를 완성해 갈 때, 하나의 언어요소(linguistic item)로서 기능하는 것이 담화 마커이다.

발화의 단위로, 담화로 기능하고 발화교대시에 pre-starts로서 나타나는 표현 즉, 접속사, 부사, 전치사, 어휘화된 구(句) 등은 회화참가자의 태도를 나타내는 것이다. 또한 담화가 face의 교환으로 성립한다는 관점에서 이와 같은 표현을 살펴보면, 항상 청자와 화자의 face의 교환을 표시해 주는 것이다.

그럼, 담화 마커가 담화속에서 face행위를 어떻게 표시하는가를 좀 더 상세히 살펴보자.

話者 1 (話し手)	:	P
話者 2 (聞き手)	:	담화마커 Q

담화 마커의 주된 기능은 앞에서 진술한 발화(P)와 이어지는 발화(P)의 내용과 형식을 관련시키는 것이다. 즉, 화자의 발화행위(發話行

爲)를 어떻게 청자(聽者)가 수용해, 어떻게 관련시키는가를 나타내는 마커이다.

예를 들면, 청자의 담화 마커에 영어의 'well' 'oh', 일본어의 「えー」「うん」 등의 전치사와 「わかりました」「そう思います」와 같은 어휘화 된 句 - 소위 「맞장구」표현 - 가 사용되는 경우이다. 이것을 face행위의 관점에서 살펴보면, face행위는 face-saving(face보존)이나, face-neutral(face중립)의 기능을 하고 있다고 생각할 수 있다.

한편, 담화 마커 중에서 FTA와 깊이 관련된 것이 역설을 나타내는 접속사이다. 즉, 화자의 발하에 FTA가 있다는 것을 보여주는 것이다. 그 때문에 이와 같은 담화 마커는 화자로부터 FTA에 반발하는 anti-FTA 기능을 가지고 있다고 주장할 수가 있다. 또한 이와 같은 담화 마커는 FTA를 포함하는 文의 앞에 나타나며, 그 文은 mitigator를 가지고 있는 경우도 있다. 더욱이 상대방의 발화가 「불충분함」(insufficiency)을 포함하고 있는 것을 의미하는 것이다.

이상과 같이 담화 마커는 담화속에 행해지는 face의 교환을 감시(mark)하면서, 담화 전체의 의미를 구성하는 기능을 하고 있는 것이다. 그러나 담화 마커가 FTA의 기능을 떠맡고 있다는 사실에 대해서는 지금까지 그렇게 많은 연구가 이루어지지 않았다. 담화 마커를 정확히 파악하지 않는 한, 담화 전체의 의미론적 구조가 FTA의 본연의 모습과 어떻게 관련하고, 어떻게 담화가 성립하며, 또 그 의미를 변환시키는가를 보여줄 수 없을 것이라 생각한다.

2.5 나가기

이상, 본 장을 통해 기본이 되는 이론에 관해 크게 3가지 절로 나누어 서술했다.

첫 번째로, 지금까지 연구되어 온 다양한 politeness에 대한 개념을 재고찰하고 그 문제점을 명확히 했다. Brown and Levinson(1983)의 politeness 이론에 대해 소개하고, 그 개념과 politeness에 대한 이분법이 실제로 담화에 적용될 때 발생할 수 있는 이론적인 애매모호함과 문제점을 지적했다. 그리고 사회적 규범이라는 관점에서 politeness 현상을 파악한다면 특정 종류의 발화행위에 의존하게 되어, 언어중심주의에 빠져버릴 위험이 있다는 것을 보여주었다. 또한 politeness 현상에 대한 회화의 원칙으로서의 관점은 효과적으로 담화를 성립하는데에는 도움이 되지만, 담화에 있어서 회화참가자간의 face의 교환이라는 시점이 결여되어 있기 때문에, 담화의 목표와 메시지의 전달등 담화의 모습을 명확히 파악할 수 없는 문제점이 있다는 사실을 지적했다.

두 번째로, 본 연구에 있어서 face 행위이론을 제시했다. 이 시점은 지금까지의 레벨 분석에서 담화 레벨로 분석의 폭을 넓혀, face라는 인간의 보편적인 개념을 도입해, 담화가 회화참가자의 face 교환에 의해 성립하고, 그 face행위에 기인해 메시지의 전달이 행해진다는 것을 보여주었다. 그 결과, 언어행위와 politeness와 같은 사회.문화적인 관점을 벗어나, politeness를 face 행위이론이라는 시점에서 파악할 필요성에 대해 논했다.

마지막으로 담화에 있어서 담화 마커의 특징을 제시하고, 그것이

face 행위이론과 깊은 관련을 가지며, 상대방에 대해 FTA 마커로서의 기능을 한다는 것과 anti-FTA의 작용을 한다는 것에 대해 진술했다.

〈注〉

(1) 'face'에 대한 기본적인 개념은 Goffman(1967)에 의한 것이다. 그에 의하면 face는 문화적인 측면과는 관계가 없는 보편적인 개념이라고 했고 다음과 같이 지적하고 있다.

「face may be defined as the positive social value a person effectively claims for himself by the line others assume he has taken during a particular contact (1967:15)」

(face는 어떤 특정 접촉간에 취한 타인이 想定하고 있는 라인에 의해, 그 자신을 위해 그 사람이 효과적으로 주장하는 적극적, 사회적인 가치로서 정의된다)

(2) Brown and Levinson (1983) 참조

(3) Brown and Levinson's sub-strategies를 ※로 나타냄

(4) Brown and Levinson's sub-strategies를 ※로 나타냄

(5) Brown and Levinson's sub-strategies를 ※로 나타냄

(6) 예를 들면, 「사죄」「요구」「불평」 등

(7) 1872년의『Ladies' Book of Etiquette and Manual of Politeness』(J.S. Locke, Boston)에서는 다양한 정중한 담화를 행하기 위한 법칙이 쓰여져 있다

(8) Schiffrin (1987:328)도 이하와 같은 담화마커를 특징지우고 있다,

① It has to be syntactically detachble from a sentence.

② It has to be commonly used in initial position of an utterance.

③ It has to have a range of prosodic contours.

④ It has to be able to operate at both local and global levels of discourse, and on different planes of discourse.

(9) Schiffrin (1987)에 의하면, 등위(coordinates)는 指示辭(deictic)의 범위에서 작용하며, 'proximal'(indexing toward the deictic center)과 'distal'(indexing away from the deictic center)에 그룹화되어 있다고 지적하고 있다. 즉, 「でも」는 앞에서 진술한 화자의 발화로부터 현재의 발화가 성립하고 있다는 것을 표시하고 있는 것이다.

(10) 이 점에 대해 Schiffrin (1987)은 담화마커를 연속된 발화 가운데에서 문맥적인 등위(contextual coordinates)를 제공해 주는 수단이라고 지적하고 있다. 제3은 화자로부터의 권유에 대해 청자가 그것에 따르지 않는 이유를 「でも」를 사용해 진술하고 있는 경우이다. 이때 「でも」는 인접한 발화, 즉 청자와 화자의 발화를 표시함으로서, 문맥적인 등위(contextual coordinates)를 제공하고 있다. 이것을 Schiffrin (1987)은 회화참가자의 등위(participate coordinates)를 제공해 준다고 말하고 있다.

(11) Schiffrin (1987)은 담화를 어떠한 3가지 타입의 지식에 의존하고 있다고 지적하고 있다. 그 하나가 사회적인 것이다(즉, 개인적인. 사회적인 소속(identities)을 나타내는 언어사용능력, 행위의 수행, 자신과 타인과의 상호간의 교환이다). 두 번째의 언어능력 타입은 인지적(cognitive)인 것이다(즉, 언어에 의해, 언어를 통해 전해지는 사상과 개념을 표현하는 능력이다). 마지막으로 텍스트적(textual)인 것으로서, 담화를 완성하거나 담화내의 내용을 이해하는 능력이다. 구체적으로는 Schiffrin (1987) 참조.

3부
일본인과의 담화를 원활히 운용하기 위한 다양한 언어표현

이 절에서는 일본어 담화 상에 자주 쓰이는 몇 가지 표현법을 알아보기로 하자.

외국어를 배우는 사람들은 흔히 상대의 이야기를 듣지 못할 경우도 있다.그로 인해 때에 따라서 이야기를 전달할 때 장해가 발생하기도 한다. 이러한 장해를 뛰어넘기 위해서는 화자와 청자의 관계를 배려한 표현을 써야 한다. 자신의 의도를 전달할 때에는 정확하게 전달하고, 또 상대와 심리적인 마찰을 일으키지 않도록 유의할 필요가 있다.

또한, 타인에게 이야기를 하는 행위는 동시에 상대방의 이야기를 듣는 것이기도 하다. 회화는「하는(する)」것이 아니라「교환하는(交わす)」것이 즉, 자신이 그 의견이나 주장을 논하더라도 그에 대한 상대방의 대답을 듣지 않는다면 계속적인 담화는 불가능한 것이다.

이러한 점을 마음에 두고 각 담화상의 장면, 상황에 따른 적절한 표현을 선택해서 담화를 진행시키면 일본어 담화가 더욱더 흥미로워질 것이다.

일본어 표현의 심화 연구 방법

일본어의 다양한 표현에 해당하는 한국어의 표현을 생각하여 보자. 유사한 표현이 어떻게 사용되어지는가를 분석 고찰하여 보라. 한국어와 일본어의 표현의 차이점을 이해하는데 도움이 되리라 본다. 또한 이전에 논한 담화이론에 비추어 각각의 언어 행위를 고찰해 보자. 각 언어의 고유한 특징의 파악에 도움이 될 것이다.

3.1 인사

인사는 모든 회화의 기본이다. 적절한 인사를 하는 것과 하지 않는 것에는 예를 들어 그 후의 회화에 차이가 없더라도 상대방의 인상은 크게 바뀐다는 사실은 말할 것도 없을 것이다. 기분이 좋은 회화는 내용 그 자체를 보다 명확하게 하고, 목적을 충분히 달성할 수 있게 한다.

인사의 방법으로서는 윗사람에게는 우선 자신부터 소개하고 인사를 받은 쪽은 즉시 대답을 해야만 한다. 설령 다른 사람과 한참 이야기하고 있을 때 누군가로부터 인사를 받은 경우 한마디로라 그 인사에 대답을 하는 것이 좋다. 그렇다고 해서 인사를 한 그 사람이 계속 회화를 방해하지도 않을 것이며 또한 [무시받았다]는 오해를 하지도 않을 것이다..

또한, 직접 회화를 하고 있는 사람도 잠깐의 인사말만 한다면 대개의 경우 기분을 상하게 하는 일없이 넘어갈 수 있을 것이다. 인간관계를 원활히 하기 위함이 회화의 중요한 목적이라고 한다면 인사는 결코 소홀히 해서는 안 될 것이다.

다음의 표현은 일본어의 인사법으로 자주 사용되는 것들이다. 각각의 표현이 사용되는 상황을 생각해 보면서 익혀두기 바란다.

3.1.1 소개 받았을 때

1. はじめまして (처음 뵙겠습니다)
2. どうぞおよろしくお願いします (잘 부탁드립니다)
3. (~が)いつもお世話になっております ((~가) 늘 신세지고 있습니다)
4. (~さんには)いつもお世話になっております ((~에게는) 늘 신세지고 있습니다)

일본에서는 자신의 가족과 관계있는 일에 대해서 자신의 일처럼 사과하거나 감사의 말을 전하는 것이 일반적 특징이다. 1, 2는 처음 만났을 때 가장 빈번히 사용하는 인사 표현이다. 3, 4는 가족의 누군가와 관계있는 어떤 사람(회사의 상사 · 학교 선생님 · 친구 · 친구의 부모 등)을 처음 만났을 때나, 오랜만에 만났을 때, 전화로 이야기할 때 등에 자주 사용되는 인사의 형태이다. 특히, 3의 「~が」의 「~」부분에는 가족 중에 신세지고 있는, 혹은 보살핌을 받고 있는 사람의 이름을 넣으면 된다. 4는 자신이 신세지고 있는 사람의 가족 등에 대해 하는 인사 형태이다 . 3, 4의 응답은 「こちらこそお世話になっております」를 일반적으로 사용한다. 또한 3, 4 모두 실제로 신세를 지고 있는지 어떤지는

관계없이 만났을 때의 인사로도 사용한다.

예를 들어 살펴보자.

3의 예 カイトさん夫婦が道で村上さんに出会った。

ビ ル：村上さん、ツマのメアリーです。
メアリー：はじめまして。主人がいつもお世話になっています。
村 上：いやあ、お世話になっているのはこちらのほうですよ。

4의 예 カイトさんが森山さんの奥さんに初めて会った。

森田夫人：はじめまして。森山の家内でございます。
カ イ ト：はじめまして。ご主人にはいつもお世話になっています。
森田夫人：どういたしまして、ごちらこそお世話になっております。

3.1.2 오래간만에 만났을 때

1. お久しぶりですね (오래간만이네요)
2. しばらく (오래간만)
3. ご無沙汰しています (격조했습니다)
4. お元気ですか (건강하시지요?)
5. お変りありませんか (별일 없습니까?)

일본어의 경우 위의 표현들을 다양하게 조합해서 사용한다. 1과 3을 함께 사용하기도 하고 1과 더불어 4과 5를 동시에 사용하기도 한다.

예) 오래간만에 만났을 때

リー：ごぶさたしています。お変りありませんか。

久しぶりに会った友だち：おかげさまで。リーさんは？

3.1.3 언제나 만나는 사람과의 인사

1. おはようございます (아침인사-안녕하세요)
2. こんにちは (낮 인사-안녕하세요)
3. こんばんは (밤 인사-안녕하세요)

일본어의 경우 자주 만나는 사이의 인사는 다음과 같다. 일반적으로 아침은「おはようございます」, 오후는「こんにちは」, 저녁은「こんばんは」라는 표현을 사용한다. 하지만「こんにちは」는 보통 성인은 손위 사람에게는 사용하지 않는 등 실제로 사용하는 장면이 한정되어 있다. 그 대신 날씨를 화제로 한다거나 (「よいお天気ですね」「よく降りますね」「寒くなりましたね」등),「お出掛けですか」라고 하거나,「どうも」라고 말하며 가볍게 목례를 하는 경우가 있다. 이에 대한 대답은「ほんとうによいお天気ですね」「寒くなりましたね」라고 상대가 한 말을 그대로 반복해서 말한다.「お出掛けですか」에 대한 것은「ええ」「ええ、ちょっとそこまで」라고 하면 된다.

또한, 한번「おはようございます」라고 인사를 했다면 같은 날 그 사람을 또 만난다고 해도 다시 같은 인사를 반복할 필요는 없다.

「お元気ですか」는 앞에서 설명한 것처럼 한동안 만나지 않았던 사람에게 사용하는 인사로 매일 만나는 사람이나 4, 5일 정도 지난 후에 다시 만난 사람에게는 사용하지 않는 것이 보통이다.

3.1.4 만났을 때의 인사 다음 자주 사용되는 표현

인사를 마치고 바로 본론에 들어가는 것도 때와 장소에 따라 다르다. 보조인사는 회화의 중요한 요소이며, 가능한 한 이를 포함시키는 것이 바람직하다. 또한, 사업상의 중요한 전달사항이나 여러 가지 작업현장에서의 지시 등 신속한 대응이 요구되는 경우는 예외로 치더라도 통상은 일반적인 화제를 포함시켜 담화를 이끌어 간다는 것이 중요하다. 이를 위해 사용할 수 있는 말에는 어떠한 것들이 있는지 살펴보자.

대화를 원활하게 하기 위해서는 인사 후에 정형화 된 회화를 하는 경우가 종종 있다. 날씨 · 기후 · 계절과 관계있는 화제, 위에 말한 대로 인사 대신으로도 사용되지만 인사 후의 짧은 대화의 화제로도 사용된다. 상대에 대해 잘 알고 있는 경우에는 가족의 근황 등을 화제로 삼기도 한다.

일본어 주요 표현

お天気が続くといいですね	よく降りますね
一雨ほしいですね	暖かくなってきましたね

(お)寒くなりましたね	今年は桜がおそいですね
もうお花見にいらっしゃいましたか	みなさんお元気ですか
~さんはもう高校だそうですね	この間のご旅行いかがでしたか

3.1.5 감사를 전할 때

다른 사람으로부터 초대받거나 선물을 받거나 그 외에 어떤 호의를 받은 후에 그 사람을 처음 만났을 때는 그것에 대해서 다시 한 번 감사의 마음을 표현하는 것이 일반적이다.

1. 先日・この間はどうも
   先日・この間はどうもありがとうございました
2. 先日・この間はけっこうなものをいただきまして
   先日・この間はごちそうさまでした
3. その節はいろいろお世話になりました

1은 모든 경우에 사용할 수 있다.「先日」는「この間」의 의미로 격식체인 동시에「この間」보다 의미가 넓다. 사람에 따라서 다르기는 하지만 수개월 전의 일에도 사용되는가 하면 4, 5일 전의 일에도 사용할 수 있다.「その節」의「節」는「時」라는 의미인데「その節」라고 말했을 때는「先日」를 나타내는 범위보다 이전의 일에 대해서 말하는 경우가 많다.

예) 道で日本語学校の時の先生に出会った。

リー：先生ごぶさたしています。お元気ですか。

先生：やあ、リーさん。ずいぶんお会いしませんでしたね。この前会ったのはいつだったかな。

リー：１年前にみんなと先生のお宅におじゃまして。あ、その節はありがとうございました。

先生：いやいや、またどうぞいらっしゃってください。

3.1.6 축하할 때

한국어와 같이 일본의 경우도 타인을 축하할 때 다양한 표현을 사용한다. 대표적인 표현을 정리해 보자.

1. ご結婚・ご就職・ご入学おめでとうございます
2. (このたびは)おめでとうございます
3. このたびはお招き頂きましてありがようございました
4. ~にあたり、一言お祝いのことばをのべさせていただきます
5. かんたんではございますが、これをもちましてお祝いの言葉とさせていただきます

1, 2, 3은 결혼, 취업, 입학 등 타인을 축하할 때 가장 빈번히 사용하는 표현이다. 특히, 일본어에서 3, 4는 축하하는 자리에서의 스피치의 시작 표현으로, 또 5는 스피치의 마무리 표현으로 사용된다. 한국어의 표현도 크게 차이 없어 보인다.

3.1.7 헤어질 때

1. 失礼します
2. ごめんください
3. じゃ、また
4. じゃ、ここで
5. おじゃましました
6. ~さんによろしく
7. どうぞ(お)気をつけて
8. いってらっしゃい
9. どうぞおだいじに

헤어질 때의 인사말로는「さようなら」가 있지만 이 표현은 오랫동안 헤어져있게 되는 경우 이외에 사용할 때에는 제한이 있다. 보통의 경우, 손위 사람에 대해서는 1이나 2를 사용하는 것이 좋다. 1, 2와 3, 4를 조합해서 사용하는 경우도 있다. 친한 사람에게는 3이나 4만으로도 충분하다.

또한, 5는 방문했던 곳을 나올 때 사용한다. 6의「~さん」의「~」부분에는 상대의 가족이나 공통되는 친구의 이름을 넣는다. 7, 8, 9는 여러 장면에서 사용되는데 7, 8은 여행갈 사람에 대한 인사로 수로 사용되고 9는 아픈 사람에 대한 인사로 사용되는 경우가 많다.

가족간에는 헤어질 때나 집을 나가는 사람은「いってきます」를, 배웅하는 사람은「いってらっしゃい」를 사용한다.

1, 3-예　○リー：先生、ここで失礼します。

先生：じゃ、また。

3, 4-예　○リー：じゃ、ここで。

中村：また、ね。

5-예　○横山教授のお宅を訪問して帰る時、玄関先で。

リー：どうもおじゃましました。

横山夫人：何もおかまいできなくて。またどうぞいらっしゃってください。

リー：ありがとうございます。ごめんください。

6-예　○カイトさんと森田さんは山本部長のいえに招待された。村上さんは来られなかった。帰るとき。

横山夫人：村上さんによろしく。

カイト：ええ、お伝えします。

7, 8-예　○空港で。大家さんの奥さんがマレーシアへ旅行するので、リーさんが見送りに来た。

リー：どうぞ気をつけて。いっていらっしゃい。

奥さん：ありがとうございます。見送っていただいて。

9-예　○学校で

中村：ヘラトさん何だか顔色が悪いようですね。どうしたんですか。

ヘラト：ええ、頭が痛いんです。もう帰って休もうと思っています。

中村：そのほうがいいですね。<u>お大事に。</u>

ヘラト：どうもありがとう。

장례식이나 안 좋은 일에 대한 애석함을 나타내는 말로는「このたびはご愁傷さまです」라는 표현이 있기는 하지만 실제로는「このたびはどうも……」라는 말을 흘리며 정중하게 머리를 숙이는 경우가 많다.

다음 상황을 연습해 봅시다.

1. 다음과 같은 인사를 들었을 때 어떻게 대답합니까?

a. ごぶさたしています。お変りありませんか。

b. おじゃましました。

c. はじめました。いつも主人がお世話になっています。

d. 先日はごちそうさまでした。

e. 毎日よいお天気ですね。

2. 어떤 인사말을 들었을 때 다음과 같이 대답합니까? 원래의 인사말을 생각해 보십시오.

a. ええ、ちょっとそこまで。

b. またどうぞいらっしゃてください。

c. おかげさまで。リーさんもお元気ですか。

d. どういたしまして。こちらこそ。

e. ありがとうございます。わざわざ見送りにいただきまして。

3.2 의뢰

3.2.1 의뢰하기

다른 사람에게 무엇인가 부탁할 경우의 선택은 상황 · 부탁하는 내용(매우 부탁하기 어려운 것을 부탁하는 경우와 그렇지 않은 경우) 및 부탁하는 사람과 그것을 부탁받는 사람과의 인간관계에 의해서 결정된다고 볼 수 있다.

주요 의뢰 표현

1. ~お願いします
2. ~してください
3. ~て・~てもらえる(~てくださる・~てくださらない・~ていただけない)
4. ~てもらえませんか/ ~てくださいませんか/ ~ていただけませんか/ ~ていただけないでしょうか
5. [~ほしい・~たい・~てもらいたい] んです(が・けれども)
6. [~ていただきたい] んですが・と思うんですが/ と思いまして
7. [~・~てもらえる/ ~てくださる/ ~ていただける] とありがたいんですが

3은 전부 어미를 올리며 말한다. 3의 괄호 안의 말은 여자가 사용한다. 1, 2, 3은 경우에 따라서는 지시로 받아들여지는 경우도 있기 때문에 정중하게 부탁해야 하는 상대에게는 사용하지 않는다. 4의 형태에

서는「~てもらえませんか」부터「~ていただけませんか」까지 순차적으로 정중한 정도가 높아진다고 생각할 수 있다. 5, 6은 말하는 사람의 희망을 말하는 형태로 의뢰의 감정을 나타내고 있다.「ほしい・たいです」라고 종결형의 형태로 사용하면 강한 표현으로 요구에 가까운 표현이 된다. 보통은「んです」나「思って」의 형태로 사용하고 뒤에「お願いします」「いかがでしょうか」 등의 말을 생략해서 말한다. 6은 정중한 의뢰이다. 7도 6과 마찬가지로 직접적으로 의뢰하는 것이 아니라 자신의 기분을 말하고 그것에 대한 상대방의 의향을 묻는 형태를 취하고 있어서 정중한 의뢰가 된다. 이것은 자신의 의향을 직접 표현하는 것을 주저하는 듯한 상황에도 사용되는 표현법이다.

이상은 문말의 형태에 따른 의뢰의 정중함이다. 단 실제로 의뢰하는 경우에는 위와 같은 문말 형태만으로 정중함이 정해지는 것은 아니다.

다음의 예를 먼저 보자.

I. カイトさんが同僚の中村さんにわからないところをきく。

カイト ： ここのところ、ちょっと教えていただけませんか。よくわからないんです。

II. カイとさんが上司の山本部長にわからないところをきく。

カイト ： すみません。今、少しお暇がありますでしょうか。

山本 ： ええ、何でしょうか。

カイト ： 実は、ここのところよくわからないんです。お忙しいところ申し訳 ありませんが、
ちょっと教えていただけませんか。

예를 들면, 위의 표현 안의 Ⅰ-A와 Ⅱ-A는 문말의 형태는 같지만 Ⅰ 쪽은 바로 부탁을 꺼내는 반면 대해 Ⅱ는 상대의 형편을 들은 후에 부탁을 꺼내는 순서를 밟고 있다. 정중하게 부탁해야 하는 경우에는 Ⅱ와 같이 표현의 순서를 밟는 것이 좋다. 부탁할 때의 정중함은 이와 같이 말의 운영 순서에 의해서도 결정되는 경우가 많다.

의뢰표현 전에 많이 사용하는 표현 (前置きことば)

1. すみませんが/ 申し訳ありませんが
2. お忙しいところ申し訳ありませんが
3. ちょっとお願いがあるんですが
4. できたら/ できましたら
5. よかったら/ よろしかったら

위의 표현은 의뢰표현 전에 가장 많이 사용하는 표현이다. 그럼, 이와 같은 표현을 사용하는 이유는 무엇일까? 전 장에서 논한 face행위이론으로 고찰해보면 간단히 정리 할 수 있다. 의뢰는 상대방의 face를 위협하는 행위이다. 즉, 상대방의 자유롭게 있고 싶은 기본 욕구를 위협하는 행위이다. 그 때문에 위의 표현을 사용하여 상대방의 face를 보호해 주며 자신의 의뢰행위를 행한다고 볼 수 있다.

1-예 ○食堂で

カイト夫人：すみません、水お願いします。

3-예 ○カイト夫人がジョンに(自分の子供)に。

カイト夫人：ジョン、その本持ってきて。

◯食堂で

川上：すみません、お水持ってきていただけない。

4-예 ◯劇場で前の席の人が立っているのでよく見えない。

リー：あの、座ってくださいませんか。

◯学校で

リー：先生、その本、あしたまで貸していただけませんか。

◯夜遅く急に子供か熱を出したので、近所のお医者さんに往診を頼む。

カイト夫人：たいへん申し訳ありませんが、往診していただけないでしょうか。

5-예 ◯旅行代理店で

リー：あのう、観光案内のパンフレットがほしいんですが。

◯デパートで

カイト夫人：すみません、このケースの中のブローチを見たいんですが。

◯出前を頼んだがなかなか持ってこないので電話で催促する。

中村：すぐに持ってきてもらいたいんです。出かけなくちゃならないから。

6-예 ◯学校で

リー：どんな本を読んだらいいか教えていただきたいんですが、今よろしいでしょうか。

◯結婚式のスピーチを頼む

リー：お願いがあるんです。メアリーさんたちの結婚式でぜひ先生にお話していただきたいと思うんですが。

7-예 ○会社で秘書にコピーを頼んで。

秘書：お急ぎでしょうか。

カイト：ええ、3時までにできるとありがたいんですが。

○同僚と待ち合わせの時間を決める。

森田：どこがいいですか。

カイト：そうですねえ。私は新宿にしてもらえるとありがたいんですが。

다음 상황을 연습해 봅시다.

a. 친구가 우체국에 가는데 가는 길에 60엔짜리 우표 5장과 엽서 10장을 사 왔으면 좋겠다고 생각한다.

b. 술집에서 맥주를 1박스 샀다. 집까지 배달을 부탁한다.

c. 선생님께 추천서를 받고 싶다.

d. 백화점에서 산 물건을 반품하고 싶다.

e. 전차 안에서 넓게 앉은 사람이 조금 좁혀 앉았으면 좋겠다.

3.2.2 의뢰를 받아줄 때

일본어의 경우 상대방으로부터 의뢰를 받았을 경우, 다음의 표현이 주로 사용된다.

1. はい、わかりました
2. ええ・(もちろん)いいですよ・かまいません
3. はい、すぐ~します/しましょう/いたします
4. わたしでよかったら・お役に立つなら
5. どうぞ

1은「お願いします」「~してください」의 대답으로 사용되는 경우가 많다.

그 외에 가게의 점원이나 은행의 직원이 고객에게 대답할 때에는「しょうちいたしました」「かしこまりました」와 같이 정중하게 말한다. 또한「毎度ありがとうございます」라고 말하는 경우도 있다. 5는 무엇인가를 빌려달라는 부탁을 받았을 때 사용한다.「ご遠慮なくおつかいください」를 덧붙이는 경우도 있다.

예 ○カイト：この書類を5時までに仕上げてください。
　　　秘書：はい、わかりました。

3.2.3 의뢰를 거절할 때

일반적으로 의뢰에 대하여 의뢰를 받아 줄 경우와 의뢰를 받아주지 않을 경우가 있다. 의뢰를 받아 주지 않을 경우 다음과 같은 표현이 사용 된다.

1. ちょっと…
2. 申し訳 ありませんが、ちょっと…
3. すみません、今 (このところ) 忙しいので…
4. 先約があるものだから…
5. ~で、できないんです(よ・けれど)
6. ちょっと都合がわるいんです

이야기의 내용이나 말하는 사람과 듣는 사람의 인간관계에 따라 다르기는 하지만 분명하게「だめです」「できません」이라고 하기 보다는 1~4와 같이 뒷말을 생략해서 말하는 사람에게 안된다고 추측하게 하는 형태를 취하는 경우가 많다. 5와 같이「できないんです」뒤에「けれど」등을 붙여서 문이 끝나지 않은 듯한 느낌을 주거나, 6과 같이 다른 표현을 사용해서 인상을 부드럽게 한다. 여자는 거리를 두지 않는 사람에게는「すみません」대신에「ごめんなさい」를 자주 사용한다.

◯ 近所の人：民族舞踊をなさるそうですが、タイ日友好の集まりで披露していただけませんか。もっとお互いの国のことについて知りたいと思っていますので。

留学生：お役に立つなら。

：申し訳ないんですが、その日は先約があるものですから、ちょっと……

◯ 中村：リーさん、その本もうお読みになったら貸していただけない？本屋にもないんですよ。

リー：もちろん、いいですよ。どうぞ。

：私もレポートを書くのに使うので、悪いけどすぐにはお貸しできないんですが。

다음 상황을 연습해 봅시다.

다음의 경우에 부탁을 받고, 부탁을 거절하는 대화를 만들어 연습해 보자.

1. 졸업한 학교의 선생님으로부터 일본어로 된 서류를 당신의 나라의 언어로 번역해 달라는 부탁을 받았습니다.
2. 동료로부터 당신의 나라의 말을 가르쳐달라고 부탁받았습니다.
3. 다른 나라에서 온 유학생으로부터 그 나라의 유학생이 모이는 작은 모임에서 당신의 나라에 대해 이야기해 달라고 부탁받았습니다.
4. 옆집 아주머니가 급한 일이 생겼다면서 아이를 1시간 정도 돌봐달라고 부탁했습니다.
5. 친구가 컴퓨터가 고장이 났다면서 노트북을 빌려달라고 부탁했습니다.

3.2.4 타인에게 말을 전달할 때

1. 何か…
2. ご伝言・おことづけがありますか。
3. (何か)伝えておきましょうか。
4. (何か)お伝えしましょうか。

1은「何か」뒤에「用事があります」와 같은 말이 생략되어 있는 것으로 말을 중단하는 형태를 사용해서 부드러운 느낌이 된다. 1, 2는 모든 경우에 사용할 수 있다. 3은 가족에의 전언이 있는지 어떤지를 묻는 경우, 4는 그 이외의 경우에 사용한다.

3-예 ◯ビル・カイトさんに電話がかかった。
　メアリー・カイト：今いませんが、何か伝えておきましょうか。

4-예 ◯リーさんが中村さんからゼミのコンパがあるということを聞いた。
　リー：コンパのこと、ヘラトさんにもお伝えしましょうか。

3.2.5 전언을 의뢰할 때

일반적으로 타인에게 전언을 부탁할 때 일본어의 경우 다음과 같이 사용된다.

1. ~と お伝えください/ お伝えいただけませんか
2. (~て)いただきたいのですが
3. (~て)いただくとありがたいんですが

보통은 1의 형태로 전언을 부탁한다. 2, 3은 전화를 걸었으나 부재중인 상대에게 무엇인가 해 받기를 원할 때 사용한다. 자신의 기분을 전화를 받는 사람에게 전달하고, 그것을 듣는 사람의 판단에 의해 제 3자에게 전달해 주길 바라는 형태를 취하기 때문에 명령적인 느낌이 줄어들고 부드러워진다.

2-예 ◯川上さんがメアリー・カイトさんに電話をかけた。カイトさんはいなくて、ご主人が出た。

川上：奥様がお帰りになったら、お電話いただきたいのですが。

다음 상황을 연습해 봅시다.

1. 친구에게 전화를 걸었지만 친구가 부재중이었다. 친구의 가족에게 다음과 같은 말을 전해달라고 부탁해 봅시다.

a. 밤에 나에게 전화를 걸어주기를 바란다.
b. 그룹으로 계획하고 있던 여행이 1주일 연기되었다. 자세한 것은 나중에 다시 전화할 것이다.
c. 다음날 10시에 만나기로 했는데 30분 정도 늦을 것 같다.

3.2.6 전화를 걸 때

呼び掛け：もしもし

名のる　：～ですが

～と申しますが (説明1)

前置き　：夜分遅く

朝早く　　　　　　　　おそれいります(が)

お休みのところ　　　　申し訳 ありません(が)

お忙しいところ

呼び出し：～さんいらっしゃいますか・～さんはご在宅ですか (説明2)

相手が電話に出た時：お忙しいところ　　申し訳 ございません

御呼び立てして

今ちょっとよろしいでしょうか

相手がいない時　：(急ぎませんので)　　またお電話します

(一時間位したら)

その他、伝言のことば

電話を切る：失礼します・ごめんください (説明3)

설명 1.「～名前～と申します」는 전화를 받은 상대가 나 자신을 모른다고 생각했을 때, 아니면 기억하는지 어떤지 확실하지 않을 때 사용한다. 또 겸손의 마음을 나타내는 의미로도 사용된다.

설명 2. 선생님과 상사를 바꿔달라고 할 때 사용하는 경우도 있다.

설명 3. 이 두 개를 함께 사용해도 좋다.

좀 더 정중하게「ごめんくださいませ」라는 말도 있으나, 이것은 여자가 많이 사용한다.

3.2.7 전화를 받을 때

受ける : もしもし (説明4) ~です ・ でございます

本人が電話を受ける時 : 私です(が)

他の人が電話を受ける : 少々・ちょっとお待ちください

後で本人が電話に出る : お待たせしました お電話かわりました

本人がいない時 : 今おりませんが

ちょうど出かけておりますが

もうすぐ戻ると思いますが

~時までには帰ると言っておりましたが

用件を聞く : 何か…… (説明5)

お急ぎのことでしょうか

ご用件は何でしょうか

ご伝言がありますでしょうか

本人が帰宅してからもう一度電話を受けた時

本人が帰宅して伝言をきいて自分から電話をした時

さきほどは留守電話をいただきました

そうで、ありがとうございました

さきほどは留守にしていまして、

失礼しました

설명 4. 회사 등의 경우에「もし、もし」라고 하지 않고 대개「~でございます」「おはようございます／お待たせいたしました、~でございます」라고 한다. 전화를 건 사람은 그것에 대답할 필요는 없다. 바로 용건을 말하면 된다.

설명 5.「何か」 뒤에「用事がありますか」「伝えることがありますか」와 같은 말을 생략하고 대답의 형식을 상대의 판단에 맡기고 있기 때문에 부드러운 느낌이 된다.

일본의 전화상의 명칭

다음 상황을 연습해 봅시다.

1. 밤 11시 경 친구 집에 전화를 걸어야 합니다. 어떻게 이야기를 시작할까요?
2. 아침 8시 반 경에 친구에게 전화를 걸었는데 친구의 가족이 전화를 받았습니다. 어떻게 인사를 하고 이야기를 시작할까요?
3. 일요일에 부장님에게 전화를 걸어야 합니다. 어떻게 인사를 하고 이야기를 시작할까요?
4. 자리를 비운 사이에 선생님으로부터 전화가 있었습니다. 여러분이 다시 선생님께 전화를 걸 때 어떻게 이야기를 시작할까요?
5. 선생님께 전화를 했더니 선생님의 가족이 전화를 받았습니다. 선생님을 바꿔달라고 이야기해 보십시오.
6. 전화를 받았더니 아내(남편 · 부모님 · 동생)에게 온 전화였습니다. 지금 아내(남편 · 부모님 · 동생)가 부재중임을 전하고 용건을 물어보세요.
7. 전화를 받았더니 아내(남편 · 부모님 · 동생)에게 온 전화였습니다. 아내(남편 · 부모님 · 동생)에게 전화를 바꿔 줄 때 전화를 건 상대방에게 뭐라고 합니까?

3.3 청유

3.3.1 청유하기

일본어의 경우 누군가에게 예를 들어 "어디로 놀러가자"와 같이 청유행위을 할 때 다음의 문말 표현을 빈번히 사용한다.

1. ~ない(か)/ ~ませんが
2. どう/ どうですか　いかが/ いかがですか
3. ~よう・ ~う / ~ましょう(よ)
4. ~よう・ ~うか / ~ましょうか
5. ~たいと思って / 思いまして

1은 일반적으로 사용되는 형태이다. 2는 무엇인가를 같이 하자는 이야기를 상대에게 말하고 그 의향을 묻는 형태이다. 3은 질문의 형태를 취하고 있지 않기 때문에 같이 하자는 의지가 강하게 표현된다. 「よ」를 붙이면 상대에게 동의를 구하는 듯한 의미가 들어가기 때문에 더욱 강해진다. 상대와의 사이에 거리를 둘 필요가 있는 경우는 어울리지 않는다. 4는 상대의 기분을 살피면서 같이 하자고 말하는 경우에 많이 사용되는 것으로 일단 권유한 후에 두 사람이 행동을 할지 말지를 결정한다. 질문의 형태를 취하고 있지만 문장의 끝을 내려서 말한다. 5는 거리를 두는 사이일 경우에 사용한다. 장면에 따라서 의향을 말하는 형태로 「~たいと思う」를 사용해서 권유하는 경우도 있다. 「思いまして」의 뒤 부분을 생략해서 여운을 남기고 있기 때문에 부드러운 느낌을 준다.

같이 하자고 권했을 때 상대가 승낙할 의지를 바로 표현하지 않기 때문에 승낙할 생각이 없는 것은 아닌가 하는 생각하는 경우가 있다. 같이 하고 싶다는 생각이 강할 때는 3을 사용하거나 해서 다시 한 번 말하는 것이 좋다.

청유표현 전에 많이 사용하는 표현 (前置きことば)

1. よかったら・ よろしかったら
2. ひまだったら・ おひまでしたら

위의 표현은 청유표현 전에 가장 많이 사용하는 표현이다. 의뢰 표현과 같이 face행위이론에 기초를 두고 사용의 이유를 생각해 보자.

1-예 ○ヘラトさんを北海道旅行に誘う。
　リー：よかったら夏休みに北海道へ行きませんか。

2-예 ○映画の切符を持っているのでヘラトさんを誘う。
　リー：映画どうですか、切符があるんですが。
○スーパーボールの切符を持っているので佐藤さんを誘う。
　リー：スーパーボールいかがですか、切符があるんですが。

3-예 ○リーさんをテニスに誘ったが、期末試験中なので行くのをためらっているので強く誘う。
　中村：行きましょうよ、少し気分を変えるほうがいいから。

4-예 〇同僚とハイキングに行ったが自分も含めみんな疲れている様子なので休もうと誘う。

カイト：このへんちょっと休みましょうか。

5-예 〇横山教授を留学生の会に誘う。

リー：ご都合がよければ留学生の会においでいただきたいと思いまして。

3.3.2 초대하기

1. ~ない(か)/ ~ませんか
2. ~てください
3. ~たいと思って / 思いまして

1은 자주 사용되는 형태이다. 2는「초대할 준비를 해 놓았으니 괜찮으시다면 와 주세요」라는 의미만 있은 것으로 그 자리에서 반드시 응답을 들으려고 하는 것은 아니다. 따라서 상대와의 사이에 거리를 두는 경우에는 2의 경우가 어울린다. 한편 그 자리에서 반드시 바로 응답을 들어야하는 것이 아니기 때문에 예를 들면 이사에 대하 인사 장면과 같은 사교적인 의미로도 사용된다.

前置きの言葉

1. よかったら/ よろしかったら
2. ひまだったら/ おひまでしたら

1-예 ○生け花教室の友人を自分の誕生日のパーティーに招く。

カイト夫人：今度の日曜わたしの誕生日なんですよ。うちでパーティーをするんですが、よかったらいらっしゃいませんか。

2-예 ○得意先の人を夕飯に招く。

カイト：東京飯店の席を用意いたしましたのでどうぞおいでになってください。

○送別会で別れの挨拶をして。

リー：タイにいらっしゃったらぜひうちにお寄りください。

권유할 경우나 초대할 경우 문말의 형태의 선택은 무엇을 하는가 보다는 상대와의 관계로 정해지는 경우가 많다.

I. 授業のあとで。

リー　：ヘラトさん、ひまだったら土曜日花見に行きませんか、ゼミの人がくるんですが。

ヘラト：ああ、きれいでしょうね。ぼくも行きます。

II. ゼミナー ルのあとで鈴木先生に。

リー　：先生、今度の土曜日ですが講義おありでしょうか。

鈴木　：いやもう大学もお休みに入るし。

リー　：実は花見に行こうと行っているんですが 。ゼミの人たちで。

鈴木　：それはいいねえ。ちょうど見頃ですね。

リー　：で、よろしかったら先生にもおいでいただきたいと思いまして。

鈴木：ええ、いいですよ。ひまだしみんなとはなすのも楽しいから。
リー：どうもありがとうございます。

권유할 경우와 초대할 경우의 정중함은 위에서 설명한 것과 같은 문말의 형태만으로 정해지는 것은 아니다. 위의 예문 I 에서는 친분이 어느 정도 있는 보통의 관계이므로 바로 권하고 있다는 경우이다. 한편 II 에서는 권유하는 사람과 상대와의 관계가 어느 정도 격식을 차려야 하는 관계이므로 권유할 때 우선 상대의 형편과 상황을 묻고 그 후에 상대의 상황에 맞게 권유하는 절차를 밟고 있다.

다음 상황을 연습해 봅시다.

1. 다음과 같은 상황에서 어떻게 이야기합니까?

a. 회식 뒤에 2차를 가기로 했습니다. 꼭 같이 가고 싶은 동급생이 있습니다. 그 사람과는 아직 별로 친하지 않습니다. 같이 가자고 권유해 봅시다.
b. 파티장에서 혼자 있는 사람을 발견했습니다. 일행이 있는 곳에 같이 가자고 말해 봅시다. 그 사람은 전에 만난 적이 있기는 하지만 별로 친하지는 않습니다.
c. 업무상 중요한 사람을 식사에 초대해 봅시다.
d. 일을 마친 후 부서 사람들과 술을 마시러 가는 도중 우연히 상사를 만났습니다. 상사가 어디에 가냐고 물어보았습니다. 그에 대한 대답을 하고 상사에게 같이 가자고 이야기해 봅시다.

e. 학교에서 돌아오는 길에 세일을 하고 있는 가게 앞을 지나가게 되었습니다. 함께 가던 친구가 그 가게에 들어가 보고 싶어 하는 것 같습니다. 그 친구에게 들어가 보자고 이야기해 봅시다.

f. 표가 있어서 친구에게 같이 가자고 이야기했는데 친구가 망설이고 있습니다. 같이 가자고 다시 한 번 말해 봅시다.

2. A씨가 B씨를 파티에 초대하려고 생각하고 다음과 같이 말했습니다. A씨와 B씨는 어떤 관계일까요? 가장 알맞은 것을 골라 봅시다.

A : 今度の日曜日おひまでしょうか。

B : ええ、何か？

A : 実は両親が、今、日本に来ているんです。で、日曜日にパーティーをします。よろしかったらおいでいただきたいと思いまして。

a. B씨는 A씨의 친한 친구
b. B씨는 A씨의 상사
c. B씨는 A씨의 회사 동료
d. B씨는 A씨의 대학 선배
e. B씨는 A씨의 대학 후배

3.3.3 초대에 응하다

1. (ありがとうございます。)(ぜひ)~たいと思います
2. (ええ)~ます
3. (ええ)~ましょう

「ありがとうございます」는 권유해준 것에 대한 감사의 표현이므로 권유에 대해 승낙을 할 때도 거절할 때도 전치사처럼 사용하는 것이 좋다. 이 말은 감사의 표현을 사용함으로써 기쁨을 나타내는 기능도 가지고 있기 때문에, 태도와 표정에 의해서 이 표현만으로 권유를 받아들이는 표현을 대신할 수도 있다. 그러나 보통은 「ありがとうございます」 뒤에 「ちょうど~たいと思っていたところです、一度~たいと思っていました」와 같은 말을 덧붙여서 권유를 승낙할 의지가 있다는 것을 확실히 표현한다.

「でも、いいんでしょうか」라고 확인하는 경우가 있는데 이것은 삼가는 기분을 나타내는 것으로 권유받은 사람이 사정이 안 좋다는 표현을 하는 것은 아니다.

초대받았을 때는 「伺います、お伺いいたします、参ります、(ぜひ)お伺いしたいと思います、(ぜひ)伺わせていただきます」와 같은 표현을 사용한다.

3은 친한 사이에 사용한다. 특히 권유하는 사람이 상대의 기분을 살펴서 함께 무엇인가를 하자고 권할 때 사용되는 경우가 많다.

1-예 ○川上：午後から友達と生花展に行くんですが、メアリーさんもいらっしゃいませんか。

メアリー：わあ、ありがとうございます。ちょうど行きたいと思っていたところなんです。

○森田：一緒に釣りに行きませんか。

カイト：ぜひお願いします。(ぜひご一緒させてください)一度釣りをしてみたいと思っていましたから。

○佐藤：今度の日曜日に私の家にいらっしゃいませんか。

リー：ありがとうございます。ぜひお伺いしたいと思います。

3-예 ○中村：もう１２時ですね。一緒に食堂へ行きませんか。

リー：ええ、行きましょう。

○中村：この辺でちょっと休みましょうか(よ)。

リー：そうですね。休みましょう。

다음 상황을 연습해 봅시다.

1.「誘う」의 연습 1과 같이 함께 하자고 권유받았을 때 어떻게 승낙하겠습니까?

2. a ~ c와 같이 권유받았을 때 어떻게 승낙하겠습니까? ア부터 ウ 중에서 각각 가장 좋은 문장을 고르세요.

a. 친구가 영화를 같이 보자고 한다.
b. 상사가 자기 집에 초대했다.
c. 친구가 자기 집에 초대했다.

ア。ありかとうございます。ぜひ伺わせていただきます。

イ。ちょうど見たいと思っていたんです。

ウ。どうもありがとう。楽しみにしています。

3.3.4 초대를 거부하다

1. (ありがとうございます。)(残念ですが)~理由~ ので/ から
2. (ぜひ)~たいんですが、(ちょっと) 都合が悪くて
3. (ぜひ)~たいんですが、(ちょうどその日は) 都合が悪いんです

초대를 거절할 때는「できません」·「~しません」과 같이 직접적으로 거절하기보다는 이유를 말하고 거절하거나,「都合が悪い」·「約束がある」와 같이 다른 표현을 사용해서 거절하는 경우가 많다. 그 때「이유」 내용 앞에「残念ですが、ぜひ~たいのですが、ぜひ~たいんですが」 등을, 문 뒤에는「この次の時またお願いします」「誘っていただいてありがとうございます」와 같은 인사 표현을 덧붙이기도 한다.

1-예 ◯リーさんが先生から一緒に飲みに行こうと誘われた。

リー：ありがとうございます。残念ですが今日はアルバイトがありますので。

2-예 ◯みんなで絵の展覧会に行こうと誘われた。

リー：行きたいんですが、ちょっと都合が悪いんです。この次の時またお願いします。

○メアリー・カイトさんが川上さんの家に招待された。

メアリー：ぜひ伺いたいのですが、ちょうど国から母がまいりますので。お招きいただいてありがとうございます。

3-예 ○森田さんに帰りに食事に行こうと誘われた。

カイト：きょうは体の具合いが悪いので、残念だけど行けないんですよ。

다음 상황을 연습해 봅시다.

다음의 경우 어떻게 거절하겠습니까?

1. 상사(선생님)가 집에 가는 길에 식사를 하자고 합니다. 오늘은 다른 사람과 약속이 있습니다.
2. 옆집 아주머니가 딸의 피아노 발표회에 와 달라고 합니다.
3. 친구가 다 같이 함께 영화를 보러 가자고 합니다.
4. 다음 일요일에 일본인 친구 집에 초대 받았습니다.
5. 몇 년 동안 만나지 못했던 친구를 우연히 만났는데 그 친구가 차를 마시자고 합니다.

3.4 의향

3.4.1 의향을 묻다

1. する?/ しますか / なさいますか
2. ~は(どう・どのように・何に・どこに・いつに)する?/ しますか / なさいますか
3. ~はどう/ いかがですか(でしょうか)
4. ~は [どちら・何・いつ] が いい・/よろしい ですか(でしょうか)
5. ~でいいですか
6. (そろそろ行き・何を食べ)ましょうか
7. (窓を開け)ましょうか

「의향을 묻다」라는 것은 공적인 경우를 제외하고 가끔 간섭한다는 인상을 주기도 한다. 그 때문에 「의향을 서술하다」형태(~참조) 중, 화자가 아직 그 실현에 확신을 나타내고 있지 않은 형태를 그대로 질문형으로 하는 것 (~しようと思っていますか・するつもりですか・~したいですか・したいと思っているのですか・とありがたいと思っていますか)은 그다지 사용하지 않는다. 어쩌다가 사용하는 경우에도 매우 친한 시이라든가 또는 캐묻는 경우에만 사용된다. 일반적으로 상대의 예정(1, 2), 감상・만족(3, 5), 선택(4)을 질문하고 그에 대한 대답을 하는 과정에서 상대방의 의향이 포함되기를 기대할 수 있는 것이다.

1-예 ○会合の後で、お茶や食事に誘う気持で。

川上　：カイトさん、今日はまっすぐ帰りますか。

カイト：いいえ、特に急ぎませんが。

川上　：じゃ、コーヒーでも飲んでいきませんか。

2,3-예 ○レストランで。

中村　：私はサンドイッチにするわ。ヘラトさんは何にする？

ヘラト：そうだなあ、ぼくはA定食にする。

中村　：ここのケーキはおいしいのよ。デザートにいかが?

ヘラト：そう。じゃ、食べてみよう。

4.5-예 ○映画に行く相談で。

佐藤：あしたとあさってと、どちらがいいですか。

リー　：どちらでも、いいですよ。

佐藤：じゃ、あしたでいいですか。

リー　：ええ、結構。

6은 함께 뭔가를 하는 경우에 상담하는 형태로 상대의 의향을 끌어낸다. 7은 화자가 상대를 위해서 뭔가를 할 때 상대에게 그 희망이 있는지 어떤지를 물을 때 사용한다.

3,7-예 ○パーティーを計画して。

リー：来週、鈴木先生のご都合はどうかなあ。

中村：そうですね。授業のあとでうかがってみましょうか。

リー：ええ、お願いします。

中村：先生、来週の木曜日か金曜日の午後、ご都合は
いかがでしょうか。

鈴木先生：えーと、今のところ特に予定はないけれど・・・。

3.4.2 의향을 말하다

1. する/ します
2. ~しよう　と思っている / 思っています
　　　　　と考えている / 考えています
3. ~するつもりです
4. ~したいんです
5. ~したいと思う/ 思っています
6. ~とありがたいんです

화자가 의향을 서술할 때 자신의 기분/의지를 확실히 정하고 망설이지 않을 때 1을 사용한다. 이것은 자신의 의향을 서술하는 형태 중에서는 가장 강하다. 자신이 주장하는 강도를 부드럽게 하고 싶을 때, 또 실현에 대해서 거의 확신이 없을 때는 2~5를 사용한다.

1-예 ○会社で。

カイト：今日も残業ですか。

森田　：いえ、今日はこの仕事が終わったら帰ります。食事の約束がありますから。

2와 3은 거의 같은 형태로 사용되는데, 화자 자신의 의지의 굳건함을 강조하고 싶을 때는 3이 많이 사용된다.

2,3-예 ○入院した友人の見舞い。

カイト：林さんのお見舞いにいらっしゃいました？
川上　：先週行くつもりだったんですが、風をひいてしまって・・・。あさって行こうと持っているんです。

3-예　○会社で。

村上：部長、今晩、木村さんの送別会にいらっしゃいますか。
山本：ああ、会議があるんだ。時間はわからないけれど、遅くなっても出席するつもりだから・・・。木村君にそう伝えておいて。

4와 5와 같이 희망을 서술하는 형태를 취해서, 자신의 의향을 나타내는 경우도 많은데, 이러한 형태는 의향을 서술하는 형태로써는 가장 소극적인 인상을 준다.

4-예　○買物をした店で。

カイト：小切手で払いたいんですが、いいですか・・・。

5-예　○学校で。

鈴木：卒業後の予定は？
中村：三森銀行に入りたいと思っているんですが・・・。

「～んです」에는 설명하는 듯한 의미가 있기 때문에 이 형태는 질문의 대답으로 사용되는 경우가 많다. 그러나, 「～んです」에는 주장하는 듯한 작용도 있기 때문에 사용법에 따라 너무 강해서 그다지 좋은 인상을 주지 않는 경우가 있다.

6은 화자가 자신의 희망을 결정하고 그와 같은 결과를 얻으면 기쁘다는 기분으로 사용된다.

6-예　○日程の打ち合わせで都合をきかれて。

森田：今週は都合が悪いので、来週にしてもらえるとありがたいんだけど。

일반적으로 화자는 자기 자신의 의향을 명확히 서술하는 것을 망설이는 경향이 있다. 2~6의 문말에 「~が」, 「~けれども」를 붙여서 여운을 남기고 인상을 완화시키는 것이 많다.

예1　会社で

村上　：じゃあ、打ち合わせの日いつにしますか。

カイト：そうですね。できたら15日にしたいんですが

예2　会社で

得意先：じゃあ、打合わせの日いつにしましょうか。

カイト：そちらはいつがよろしいでしょうか。

得意先：うちのほうはいつでも。

カイト：そうですか。あのう、私ともは15日にしていただけるとありがたいんですが。

의향을 서술할 때에 화자는 문말의 형태를 선택하는데, 그것에 덧붙여 서두, 회화의 진행방법의 선택도 중요하다. 그 선택은 상대와의 인간관계나 무엇을 희망하는가에 따라 정해지는 경우가 많다. 예를 들면, 상대의 의향을 묻고 있는 사람과 질문받는 사람과의 관계에 의해 회화의 진행방법은 위의 예와 같이 달라진다. 위의 예1은 일반적인 레벨에서 이야기하고 있는 무라카미와 카이토의 회화이다. 한편, 예2

는 보통 정중한 레벨에서 이야기하고 있는 단골손님과 영업인과의 회화이다. 상황은 같지만 예1에서는 바로 의향을 서술하고 있는데 반해, 예2에서는 상대의 의향을 배려하면서 화자측의 희망을 서술한다는 순서를 밟는 것으로 정중함을 나타내고 있다.

다음 상황을 연습해 봅시다.

1. 다음의 경우 어떻게 말하면 적절할까요?

1) 손님에게 음료를 내려고 합니다. 뭐라고 말하겠습니까?
2) 친구에게 당신의 여행 사진을 보여 주려고 합니다. 여행 사진을 볼지 어떨지 물어 보세요.
3) 손님이 추운지 어떤지 물어보고 추워한다면 히터를 켜려고 합니다. 그러한 상황을 상상하고 이야기해 보세요.

2. 다음의 문장에 이어서 당신의 의향을 서술해 주세요.

1) 이번 일요일은
2) 다음 달 휴가를 받을 수 있다면
3) 이다음 일을 떠맡을 때는
4) 만약 (친구의) 형편이 좋다면

3. 다음의 경우 느낌이 좋은 쪽에 ○를 하세요.

1) 당신의 일에 참가를 희망하는 사람의 말로
2) 친구가 당신이 가지고 있는 책에 흥미를 가지고 있는 것 같습니다. 빌려 줘도 좋다고 생각하고 있을 때

3.5 감정

3.5.1 기쁨을 나타낼 때

1. ～て　(例) いいネクタイをいただいて
2. 喜んでいます / 喜んでおります
3. ありがとうございます

기쁨의 기분을 나타내는 표현으로 먼저「うれしい／です」「よかった」「うれしくてしかたがありません」등이 있는데, 실제로는 이들을 사용해서 그대로 기쁨의 기분을 나타내는 경우는 적다.「うれしい」등의 직접적인 표현은 아래의 예와 같이 가족이나 친한 친구끼리 등 화자와의 관계에서 배려할 필요가 없는 사이에서 사용된다.

예　○兄 : ぼくの自転車今日使ってもいいよ。
　　妹 : わあ、うれしい。

예　○친구 洋子と春子가 이야기하고 있다.
　　洋子 : 何かいいことあったの？
　　春子 : やっと運転免許がとれたの。うれしくて。
　　洋子 : よかったわね。

일반적으로 말해 기쁨의 기분은 그대로 표현되는 것이 많다. 특히 남성은 그 경향이 강하다. 다만 여성이라도 화자와 청자 사이에 거리가 있다고 생각되는 경우, 솔직하게 기쁨을 나타내지 않는 경우가 많다. 직접적인 표현을 사용하는 대신 다음과 같은 말로 기쁨을 나타낸다.

1은「うれしい」등 기쁨의 기분을 나타내는 표현을 생략해서 상대가 알아차리게 한다.

1-예　○カイト부인에게서 넥타이를 받았다.
森田：いいネクタイをいただきまして。

2는 자신의 일이라도 타인에 대해서 말하고 있는 듯한 표현을 사용해서 객관적으로 기쁨을 나타낸다.

2-예　○친구의 아버지에게서 의사를 소개받았다. 좋은 선생님으로 마음에 들었다.
村上の父：あの先生どうですか。
カイト：大変いい方を紹介していただいてみな喜んでいます。

3은 감사의 마음을 표현하는 방식으로 기쁨의 기분을 나타낸다.

3-예　○꽃꽂이先生：ずいぶん上達なさったわね。そろそろお免状さしあげましょうね。
カイト：まあ、ありがとうございます。
田中　：いいわねえ。

그 외 다음과 같은 표현으로 기쁨의 기분을 나타내는 경우도 있다. 다른 말로 돌려서 기쁨의 기분을 나타낸다.

예　○リー씨가 여행에서 신세를 졌던 일을 이야기한다.
リー　：皆さん本当に親切にしてくださいました。

大家：それはよかったですね。

간투사로 나타낸다.

· 여성의 경우: まあ、わあ

· 남성의 경우: おお、やあ

예　○カイト부인이 지갑을 잃어버렸다. 역의 유실물센터에서 자신의 지갑을 찾았다.

유실물센터：ちゃんと届いてますよ。

カイト：まあ。

「うれしい」「悲しい」「残念だ」등의 감정을 나타내는 말은 화자, 청자의 감정밖에 표현할 수 없다. 제3자의 감정에 대해서 서술하는 경우는「うれしいそうです。」나「うれしいといって言います。」라는 표현을 사용한다.

기쁨의 기분을 나타내는 표현에 대한 응답은 다음과 같은 표현을 가장 많이 사용한다.

1. よかったですね
2. いいですね

다음 상황을 연습해 봅시다.

1. 다음의 경우에 어떻게 기쁨의 기분을 전달합니까?

1) 취직이 정해져서 기쁘다. (학교 담임선생님에게)

2) 보증인에게 사전을 받았다. 전부터 갖고 싶었던 사전이다. (보증인에게)

3) 복권에 당첨됐다. (친구에게)

2. 회사 상사에게 「この間の君の仕事とてもよくできていたよ。」라고 칭찬받았다. 기쁨의 기분을 나타내는 데에 어느 것이 가장 적당합니까?

a. とてもうれしいです。　　b. ありがとうぼざいます。

c. ほめていただいて、うれしくてしかたがございません。

3. 다음의 표현은 a~c 중 누구에게 하는 말입니까? 하나를 선택하세요.

1) 妹が結婚することになってよろこんでおります。

a. 학교 동급생에게　　b. 회사 동료에게

c. 친구 어머니에게

2) 相撲の切符を手に入れていただいて。ぜひ一度見たいと思っていました。

a. 매형/형부에게　　b. 친한 친구에게

c. 회사 상사에게

3) やっと運転免許が取れてうれしくて。

a. 친한 친구에게　　b. 학교 담임선생님에게

c. 친구 아버지에게

3.5.2 안타까움을 나타낼 때

1. 残念だ/ です
2. がっかりした/ しました ~てがっかりした/ しました ~てがっかりしています
3. つまらない/ です
4. まことに残念です/ でございます
5. ~て残念だと思っています/ おります
   ~て残念に思っています/ おります
6. ~ちゃった/ ~てしまった/ ~てしまいました
7. ~のに

안타까운 기분은 기쁨의 기분과 달라서 화자와 청자 사이에 거리가 있는 경우라도 그 기분을 그대로 나타내는 경우가 많다. 1, 2, 3은 직접적인 표현으로 친한 사이에서 사용된다. 또 친하지 않아도 손님이 점원에 대해서와 같이 청자와의 사이를 배려하지 않아도 괜찮은 경우, 이것들을 사용해도 상관없다.「残念だ」는 기대가 실현되고 있지 않기 때문에 허전하게 아쉽다는 기분,「がっかりした」는 자신의 기대와 다른 결과가 되어 낙심했다는 기분,「つまらない」는 기대에 반해서 만족하지 않다는 기분을 나타내고 있다.「残念です」는 거리가 있는 경우에도 사용된다. 4와 같이「まことに」나「本当に」 등의 말을 붙이면 보다 정중하게 된다. 5는 특히 정중하게 말하고 싶을 때 사용된다. 또 6과 같이「~てしまう」를 사용해서 실망감을 포함시키거나, 7과 같이「~のに」를 사용해서 아쉬운 기분을 나타내는 것도 가능하다.

1-예　○川上씨에게 춤모임에 권유받았다.

カイト：その日は都合が悪いんです。残念なんですが。

2-예　○빌리려고 했던 아파트를 다른 사람이 계약해 버렸다.

부동산에게.

リー：がっかりしました。気にいっていたのに。

3-예　○동급생에게 영화를 같이 보자고 권유했지만 거절당했다.

中村：つまらないなあ。どうしてもだめ？

4-예　○거래가 성립할 것 같았지만 계약직전에 취소해야 하는 사정이 생겼다. 상대방에게.

山本：先日の件、お断りすることになってしまいまして。
まことに残念ですが。

5-예　○カイト부인이 부장부인에게 식사에 초대받았는데 사정이 나쁘다.

カイト부인：伺えなくて本当に残念に思っております。

6-예　○大家：どうしたんですか。元気がありませんね。

リー　：試験に落ちちゃったんです。

大家　：それは残念でしたね。

7-예　○부장이 그림 전람회를 열었다.

カイト：教えていただけたら見に伺いましたのに。

「残念だ」「うれしい」등의 감정을 나타내는 말은 화자, 청자의 감정밖에 표현할 수 없다. 제3자의 감정에 대해서 서술할 경우는「残念だそうです」나「残念だと言っています」라는 표현을 사용한다.

안타까운 기분을 나타내는 표현에 대한 응답

1. 残念ですね／残念でしたね

화자와 같이 청자도 안타깝게 생각한다고 생각될 때

예 ○森田：もう少しでA社と取引できたのに。残念です。

カイト：本当に残念ですね。

2. がっかりしたでしょう?

상대의 기분을 헤아려서 말하다

예 ○森田：お見合いをしたら断られてしまって。

カイト：そうですか。それはがっかりしたでしょう。

3. 大変ですね／大変でしたね

아프거나 사고 등으로 안타깝다고 하기보다 고생이 많다고 생각될 때

예 ○川上：きのうの風で屋根がこわれてしまいましてね。

カイト부인：大変でしたね。

다음 상황을 연습해 봅시다.

1. 다음의 경우에 어떻게 안타까운 기분을 전달합니까? A, B 각각의 경우를 생각하세요.

A 친한 친구에게　　　　B 보증인의 부인에게

1) 상대로부터 파티에 초대받았다. 꼭 가고 싶은데 일이 있어서 갈 수 없다.
2) 지갑을 잃어버렸다. 돈 이외에 다른 중요한 사진이 들어있다.
3) 교토의 축제가 보고 싶어서 여행회사에 갔는데 여관이 이미 예약끝났다고 들었다.

2. 다음의 표현은 어느 사람에게 어디에서 말합니까?

5時間もかかってスキー場に行ったのに雪が全然なくてがっかりしちゃいました。

a. 회사 상사에게 회사에서　b. 학교 선생님에게 교실에서
c. 친구에게 식당에서

おたくの会社の川崎部長がおやめになるそうで。本当に残念に思っています。

a. 거래처의 과장에게 회사 복도에서　b. 친구에게 공원에서
c. 어머니에게 집에서

3. 다음의 회화에서 응답으로써 어느 것이 적당합니까? a, b, c 중에서 고르세요.

a. 残念ですね。　b. がっかりしたでしょう？
c. 大変ですね。

1) カイト：どうしたんですか。

친구　：今、母から電話があって、日本へ来られなくなったそうです。楽しみにしていたのに。

カイト：

2) カイト：おかあさん、いかがですか。

동료　：きのう病院に連れて行ったら入院したほうがいいと言われまして。

カイト：

3) リー　：試験の結果どうだった？

동급생：それが筆記試験には受かったのに面接で落ちてしまったんです。

リー　：

3.6 생각 · 감상을 묻기／생각 · 감상을 말하기

3.6.1 생각 · 감상을 묻기

1. (~は)どう/いかが (~は)どう / いかがですか
2. 思う
(を・についての・のことを)どう・どのように・どんなふうに
思いますか
思われますか
お考えですか
3. (についての/ に関しての/に関する)お考えを・意見をおきかせください

1은 생각 · 감상을 묻는 경우 이야기를 꺼낼 때 사용되는 경우가 많다. 듣는 사람도 이 질문에 대해서는 전반적인 느낌을 말하는 경우가 많다. 두 사람의 관심의 정도에 따라 더욱 구체적인 이야기로 발전한다. 이와 같이 1은 전반적인 느낌을 주고받는 것으로 끝나는 경우도 있기 때문에 의례적인 인사로 사용될 때도 있다.

1-예 ○横山：大学はどうですか。
リー：何とかやっています。(まあまあです、とても楽しいです 등)
○山本：ご旅行はいかがでしたか。
カイト：ええ、とてもよかったですよ。
○森田：ご旅行はいかがでしたか。

カイト：ええ、とてもよかったですよ。特に京都の庭園が
すばらしかったですね。
森田：そうですか。もうどこのお寺でも拝観できるんですか。
カイト：いえ、まだ拝観できないところがあって残念でした。

2, 3의 형태는 토론회나 인터뷰 같은 때에 자주 사용되는 표현이다. 이것은 직접적으로 질문을 시작하는 듯한 느낌을 상대에게 줄 수 있다. 일이나 학습 장면에서는 사용되기는 하지만(2-예-1), 일상생활의 회화에서는 별로 사용하지 않는다. 사용할 경우에는 먼저 전반적인 느낌을 묻는 형태를 사용하고 그 다음에 이 형태를 사용해서 묻는 편이 좋다.

2-예 1. リーさんが鈴木先生にきく。
リー：先生、留学生のアルバイトについてどのように
お考えですか。
2. 中村：日本の生活はどうですか。
リー：ええ、だいぶん慣れました。
中村：日本の大学生の生活についてどんなふうに思い
ますか。

3.6.2 생각 · 감상을 말하기

1. ～です・～ます　例：おもしろかったです(よ)、感動しました
2. ～と思う／思います・～じゃないかと思います・ように思います
じゃないでしょうか・かもしれません

자기의 생각·감상을 말할 때 분명한 생각을 가지고 있더라도 단정적으로 말하지 않고「~と思います、思いました」「~じゃないかと思います、思いました」「~じゃないでしょうか」와 같은 말을 붙일 때가 많다. 판단이 부정적일 때나 이야기의 내용이 듣는 사람과 관계가 있을 때 특히 이러한 경향이 강하다.

또 상대의 질문에 대한 답변으로 생각한 것을 말할 때는 처음에 일반적인 대답을 한 후에 그 뒤에 자신의 생각을 덧붙이는 경우가 많다. 이야기의 내용이 묻는 사람과 관계가 있는 것일 경우에는 일반적인 대답으로 끝내는 경우도 있다.

예 ◯森田：この間読んでいらっしゃった推理小説、いかがでしたか。
カイト：なかなかおもしろかったですよ。ただ、ストーリーの展開に無理があると思いますね。
◯森田：この間読んでいらっしゃった推理小説、いかがでしたか。
カイト：なかなかおもしろかったですよ。特に心理描写がすばらしいですえね。

3.6.3 동의할 때

1. (ほんとうに・なるふど)そうですね
2. (ええ)私もそう思います

앞에서 설명한 동의 사항 참조.

3.6.4 반대할 때

1. そうですね でも……
2. たしかにそういうこともありますが……
3. そうですね それは・おっしゃることはわかりますが……
4. そうかしら/ そうですか / そうでしょうか　　私は～と思いますが

보통은 1, 2, 3과 같이 일단 상대가 말한 것에 맞장구를 치고, 그 다음에 반대되는 생각을 말하는 경우가 많다. 이 맞장구는 상대의 생각에 찬성한다는 의미가 아니라 상대의 말을 주의를 기울여 듣고 있다는 의미로 생각할 수 있다.

자주 사용되는 말의 예는 다음과 같다.

많이 사용 되는 단어의 예 よく使われることばの例

책을 읽은 감상 (本を読んだ感想)

a. 全体の感じ

1. おもしろい・つまらない
2. 易しい・難しい
3. 興味をひく・興味が持てない
4. わかりやすい・わかりにくい
5. 感動する・失望する
6. 抽象的・具体的

7. 描写が生き生きしている

8. かたよっている

9. ものたりない

10. かたい

b. 話の筋

1. 単純だ · 複雑 だ

2. 意外性がある

3. ドンテン返しがある

c. その他

1. (留学生が読 む)にしては難しすぎる

2. (専門家のための本)としてはつっこみがたりない

3. さすがに(ベストセラー)になるだけあって(おもしろい)

예 ○カイトさん夫婦がベストセラーの本について感想をきかれた。

ビル：さすがにベストセラーになるだけあって、とてもおもしろいと思いました。主人公の生き方に感動しました。

メアリー：でも、話の筋が複雑すぎるんじゃないでしょうか。

영화 · 연극 · 음악회

a. 俳優の演技

1. うまい · まずい

2. 動きが的確だ

3. 声がとおる・ せりふがききにくい

4. はまり役だ・ 役柄にあっていない

5. 主役・ 脇役がいい

6. 魅力的だ

7. 個性的だ

b. その他

1. 音楽が場面にぴったりだ
2. カメラアングルがいい
3. 舞台装置がすばらしい
4. 照明がきれいだ
5. 演出がいい
6. 興奮する
7. 退屈する
8. 緊張感がある
9. 音響装置がいい・悪 い
10. 通路が狭い
11. 幕間が短い

예 ◯映画の感想をきかれた。

メアリー：主演の俳優が魅力的でした。それに脇役も個性的でよかったと思います。

ビル：ストーリーが簡単なので、前半は退屈しました。後半はおもしろかったのですが。

후원회

内 容

1. 充実している
2. 有意義だ
3. 役に立つ
4. 現実的なテー マ

5. 雰囲気がいい
6. 来た(いた)かいがある
7. まあまあだ
8. まとまりがない

말투

1. はっきりしている
2. 人をひきつける
3. わかりやすい
4. だらだらしている

예 ○リー：テーマはおもしろかったのですが、内容が中途半端でした。専門家のためにしてはものたりないし、しろうとがきくにしては難しすぎるし。

ヘラト：講師の話し方がはっきりしていないので、よくききとれませんでした。

다음 상황을 연습해 봅시다.

1. 지금까지 읽은 책 중에서 가장 재미있었던 책의 줄거리를 설명하고 감상을 이야기해 보세요.
2. 지금까지 본 영화 중에서 가장 좋았던 영화의 줄거리를 설명하고 감상을 이야기해 보세요.
3. 지금까지 여행한 곳 중에서 가장 좋았던 곳에 대해서 감상을 이야기해 보세요.
4. 일본의 생활과 자신의 나라의 생활을 비교하고 그 생각을 이야기해 보세요.

3.7 회화의 기술

3.7.1 주위를 끌 때

1. すみません・ちょっと、すみません・あのう、すみません
2. あのう、すみませんが/ 申し訳ありませんが
3. あのう、ちょっとうかがいますが
4. お願いします

1, 2는 말하는 사람이 자기 쪽으로 주의를 끌고 싶을 때 자주 사용하는 형태이다. 3은 무엇인가 묻고 싶을 때 사용한다. 1의 형태로 이야기를 시작해서 3으로 연결해도 된다. 4는 부탁하고 싶을 때 사용하는데 쇼핑할 때 점원에게 부탁하는 경우에 많이 사용된다. 위의 형태를 사용해서 상대의 반응을 확인한 후에 이야기를 계속 이어간다.

1-예 ◯歩道で人が立ち話をしていて通路をふさいでいる。

リー　：すみません。
通行人：はい、
リー　：ちょっと通していただきたいんですが

◯銀行で案内のひとに

カイト：ちょっと、すみません。
案内人：はい、何でしょうか。
カイト：ドルを換えたいんですが、どこでしょうか。

2-예 ◯山の写真を撮ろうとしたが前に人がいてうまくとれない。

中村：あのう、申し訳ありませんが。

観光客：えっ。

中村　：ちょっとあの山の写真をとりたいんですが。

3-예　○通行人に

カイト　：あのう、ちょっとうかがいますが。

通行人：はい。

カイト　：あの、このへんにバスの停留場があるでしょうか。

4-예　○喫茶店で飲み物を注文したいが店の人が席に来ない。

リー：お願いします。

店の人：はい。

リー：コーヒーください。

다음 상황을 연습해 봅시다.

1. 다음의 경우 어떤 표현을 사용해서 다른 사람의 주의를 끌 수 있습니까?

a. 전차가 역에 도착했습니다. 내리고 싶은데 주위의 사람이 움직이지 않아서 출구쪽으로 나갈 수가 없습니다.
b. 커피숍에서 물을 쏟고 말았습니다. 가게의 점원을 부르고 싶습니다.
c. 대학 숙제를 하고 있습니다. 숙제는 출근하고 있는 사람들을 인터뷰해야 하는 것입니다. 모두 바쁘게 움직이고 있습니다.
d. 버스 터미널에 있습니다. 도쿄에 가는 버스를 타고 싶은데 어느 정류소에서 출발하는지 모르겠습니다. 지나가는 사람에게 물어보고 싶습니다.

e. 길을 걷고 있는데 앞에 가고 있던 사람이 손수건을 떨어뜨렸습니다. 그 사람은 그것도 모르고 그냥 계속 가고 있습니다. 그 사람에게 알려주고 싶습니다.

2. 여행을 갔습니다. 산이 이어져 있습니다. 어디가 야리가다케인지 알 수가 없습니다. 옆에 노부부가 있어서 물어보려고 합니다. 적당한 문장을 골라보세요.

a.「ちょっと、槍が岳ってどれ？」
b.「ちょっとすみませんが、槍が岳はどれでしょうか」

3.7.2 맞장구 표현

일본어의 맞장구 표현은 다양하게 사용 되지만 가장 반도가 높은 표현만 정리해 보면 다음과 같다.

1. はい	2. ええ	3. はあ
4. そうですか	5. そうですね	6. そうでしょうね
7. あのう、ちょっとうかがいますが		8. お願いします
9. やっぱり	10. なるほど	11. ほんとうに
12. まじ(で)	13. よかったですね	

이야기하고 있을 때 듣는 사람은 가끔씩 맞장구를 친다. 듣는 사람이 아무 말도 안하고 있으면 말하는 사람은 상대가 이야기를 안 듣고 있다는 불안감을 느끼게 된다. 특히 듣고 있는지 아닌지 확인하고 싶

은 사람도 있다. 전화 중에는 특히 그 불안감이 강하게 나타난다.

맞장구는 말하는 사람에게 있어서 이야기를 원활하게 진행할 수 있는 중요한 사인이 되는 동시에 이야기 흐름의 리듬을 확보하는 역할도 가지고 있다고 할 수 있다. 말하는 사람은 맞장구를 듣고 이야기를 계속해도 될지 어떨지를 판단하기도 하고 듣는 사람의 반응을 느끼기도 한다.

맞장구에는 종류가 많고, 또 같은 맞장구라고 해도 억양에 따라 의미가 달라지는 경우가 있다. 맞장구는 상대의 말을 듣고 있다는 표시, 이해하고 있다는 표시, 그리고 동의, 의문, 놀람, 추측 등을 나타낸다. 여기서는 자주 사용되는 맞장구 형태 중 몇 개를 예를 들어 놓았다.

1~3은 자주 사용되는 맞장구이다. 셋 모두 끝을 내려서 말한다. 장면에 따라서 이야기를 듣고 있다는 의미, 이해하고 있다는 의미를 나타낸다. 1은 모두에게 사용할 수 있지만 2는 그다지 정중한 표현은 아니므로 손위 사람에게 사용하면 실례가 된다. 3은 정중한 형태이다. 4는 어미를 내려서 말하는 경우는 질문의 의미가 아니라 맞장구가 된다. 상대의 이야기를 이해하고 있다는 의미를 가지고 있다. 5는 어미를 올려서 동의를 나타낸다. 6도 어미를 올려서 동의를 나타내고 있지만 5의 경우와는 달리 「아마 그럴 것이다」라는 의미로 동의의 정도가 약하다.

예 〇月曜日の朝会社に行くと同僚の中村さんが話しかけてきた。

中村　：昨日子供を連れて海に行ったんです。

カイト：そうですか。

中村　：もうこんで大変だったですよ。泳ぐ場所がないくらい。

カイト：そうでしょうねえ。

中村　：来年からお盆の時は家にいることにしようと思って。

カイト：そうですね。

○コンパの相談

中村：コンパのことですが、6時からがいいと思うんです。

リー：そうですね。

中村：授業が5時までの人もいるし。

リー：ええ。

中村：先生もおそいほうがいいということなので。

リー：そうですか。で、場所は。

中村：駅へ行く途中に中国料理の店がありますね。

リー：ええ。

中村：そこの2階にしようと思っているんです。

リー：そうですか。

中村：中国料理なら少し人が増えてもいいですから。

リー：そうですね。

○会社で上司の山本部長と

山本　：東京商事の話だけど。

カイト：はい。

山本　：昨日営業の人と会ってね。

カイト：はあ。

山本　：ぜひ取引したいということなんだ。

カイト：そうですか。

山本　：で、急いで資料を作って。

カイト：はあ。

山本　：話を早く進めるほうがいいと思うんだ。

カイト：そうですね。

山本　：ほかの会社からもずいぶん話があるらしいんだけど。

カイト：そうでしょうね。

3.7.3 말을 중단할 때

1. ちょっと、すみません / 失礼します / 申し訳ありません(理由)
2. ちょっと、すみません / 失礼します / おじゃまします
3. お話し中すみません / お話しのところ申し訳ありません

다른 사람과 이야기하던 도중에 용무가 생겨서 할 수 없이 이야기를 멈추고 도중에 자리를 뜰 수밖에 없을 때가 있다. 이러한 경우에 통상 말하는 사람은 1을 사용해서 상대에게 실례임을 말하며 이야기를 중단시킨다. 이 때 이유를 말할 수도 있다. 이 외에「すぐもどりますので。」라고 말하고 이야기를 중단시키는 경우도 있다.

이야기를 하던 도중에 용무가 생겨서 그것을 제 3자가 이야기 중인 사람에게 전달하는 장면에서는 2, 3의 형태를 사용하면 갑작스럽다는 느낌이 조금은 줄어든다. 이 뒤에 용건을 말하면 된다.

1의 표현에 대한 대답은「どうぞ」가 일반적이다. 또 용무가 끝났을 때는「どうも失礼しました」「申し訳ありませんでした」와 같이 말하는 것이 일반적이다. 2, 3의 경우에서는 이 표현들에 더해서「おじゃましました」라고 말하는 경우도 있다.

1은 자주 사용되는 표현이다. 경우에 따라서 중단하는 이유를 말하는 경우도 있다. 2, 3과 함께 자주 사용된다.

1-예 ◯同僚と話しているその場に電話がかかってきた。

カイト：ちょっとすみません。

同僚　：ああ、どうぞ。

◯自宅でお客さんと話している時に玄関のベルが鳴った。

カイト婦人：ちょっと、失礼します。

◯得意先の人と話している時に同僚が呼びにきた。

同僚　：(小さい声で)電話なんですが。

カイト：あのう、申し訳ありませんが急ぎの電話が入りましたので。

得意先：あっ、どうぞ。

2-예 ◯リーさんが中村さんに用事ができて教室に行くと中村さんはヘラトさんと話していた。

リー：ちょっとすみません。中村さん、ゼミのノートありがとうございました。

中村：ああ、どういたしまして。

◯応接室でお客さんと用談中の横山部長のところへ資料を届けに行って。

カイト：ちょっと失礼します。部長、パンフレットお持ちしました。

横山　：ああ、どうもありがとう。

カイト：おじゃましました。

3-예 ◯横山部長に面会の人が来たので知らせに行くと部長は同僚の村上さんと話していた。

カイト：あのう、お話し中申し訳ありませんが。

横山：何？

カイト：東京商事の方が見えましたが。

横山：村上君、ちょっと失礼。お客さんが来たから。

다음 상황을 연습해 봅시다.

1. 다음의 상황에서 이야기를 중단해야 할 때 어떻게 말해야 합니까?

a. 친구의 어머니와 전화하고 있는데 현관의 벨이 울렸습니다.

b. 회의중인 부장에게 중요한 전화가 걸려왔습니다. 부하인 당신이 부장을 부르러 가게 되었습니다.

c. 집에서 손님을 상대하고 있는데 아이가 문을 살짝 열고 손짓하며 부르고 있습니다.

d. 대학의 유도부 선배에게 급한 볼일이 있어서 유도부실에 갔더니 그 선배는 이야기중이었습니다.

2. 적당한 문을 골라주세요.

a. 문제 1의 a의 경우에 용무가 끝난 후에 이야기를 다시 시작하기 전에 전화의 상대에게 어떻게 이야기합니까?

1.「おじゃましました」

2.「失礼しました」

b. 문제 1의 b의 경우에 부장에게 용무를 전한 후에 회의 장소에 있는 사람에게 어떻게 말하고 회의실을 나와야 합니까?

1.「すぐ戻りますので」

2.「おじゃまいたしました」

3.7.4 화제를 바꿀 때

話題を変える時

1. 話は変わりますが
2. ところで
3. そう言えば
4. そのことで思い出したんですが

話題をもとに戻す時

5. さっきのことですが・さっきの話の続きですが

이야기 중에 그 때 화제가 되었던 것을 이야기하고 싶어지는 경우가 있다. 그 때의 화제가 계기가 되어 다른 것으로 화제를 바꾸고 싶다거나 뭔가 생각이 나거나 하는 경우도 있고, 지금 이야기하고 있는 화제와 관계없이 전혀 다른 것을 화제로 하고 싶어지는 경우도 있다. 이러한 장면에서 위의 표현을 사용해서 미리 상대에게 화제를 바꾸는 것을 알리는 것이 보통이다.

1은 자주 사용되는 형태이다. 2는 남성이 사용하는 경우가 많다. 격식 차린 장면에서 사용된다. 이야기 중의 화제가 계기가 되어 뭔가 다른 쪽으로 이야기가 전개되었을 때 사용한다. 3, 4는 이야기 중의 화제에서 뭔가 생각나서 화제를 바꿀 때에 사용한다.

화제가 바뀌어 이야기가 전개되어 가는 경우와 또 원래의 화제로 돌리는 경우가 있다. 5의 표현을 사용해서 화제를 원래로 되돌리면 당돌한 느낌을 주지는 않는다. 그 때에「話を変えてすみませんでした／申し訳ありませんでした」등의 표현을 붙이면 보다 정중하게 된다.

1-예 ○여행대리점에서.

점원 : 一泊でしたら、そうですねえ、日光か箱根がいいかと思いますが。

リー : ああ、そう。泊まるところはいつでもあるんですか。

점원 : はい、まあ連休じゃないですから・・・。

リー : 話は変わりますけど、ディズニーランドは東京からどのぐらいかかるんですか。

2-예 ○신원보증인을 만나서.

보증인 : 勉強のほうはうまくいっていますか。

リー : はい、今論文を書いています。

보증인 : そう。ところでご両親はお元気ですか。

3-예 ○아파트에서 옆 방의 佐藤씨와.

リー : 昨晩は暑かったですね。

佐藤 : ええ、寝苦しくて。

リー：休みなのに何もする気にならないですね。

佐藤：そうですね。そう言えば、この間のテニスどうでしたか。

4-예 ○동료의 송별회 다음 날에 村上씨와 회사에서.

村上 ：カイトさん、きのうあれからおもしろかったんですよ。

カイト：そうですか、それは残念でした。で、どこへ？

村上 ：みんなでおすしを食べに行ったんです、築地へ。

カイト：築地？

村上 ：ええ、おいしかったですねえ、安くて。

カイト：ええ、そのことで思い出したんですが、お餞別いくらでしたか。

村上 ：一人3,000円です。

カイト：じゃあ、あとで。

村上 ：ええ、いつでも。さっきの話ですけれども、その店来年ニューヨークに支店を出すそうですよ。

カイト：へええ。じゃあ、帰った時に行ってみましょう。

3.7.5 말을 끝낼 때

1. それじゃ、これで・それじゃ、そろそろ
2. すみません/申し訳ありません(理由)
3. ごめんなさい (理由)
4. すみません/申し訳ありません (お)時間をとって・お出掛けのところ
   (お)忙しいところ

이야기를 끝내고 싶지만 좀처럼 끊을 수가 없어서 곤란한 경우가 있다. 특히 서두르는 경우 등은 절실하다. 이러한 때에 상대에게 실례가 되지 않도록 이야기를 끝내지 않으면 안 된다.

1은 헤어짐을 의미하는 표현을 사용해서 상대가 알아차리게 한다. 손윗사람에게는 사용하지 않는 것이 좋다. 2, 3은 이유를 말해서 이야기를 끝내는 것을 사과하면서 이야기를 끝낸다. 3은 여자가 잘 사용한다. 2, 3의 표현에 대한 응답으로「あっ、すみません／ごめんなさい／申し訳ありません(気がつかなくて)」등이라고 하는 경우가 많다. 4는 상대에 대해 시간을 낸 것을 사과하는 것으로 이야기를 끝내는 계기를 만들고 있다. 또한, 이야기를 끝내고 싶은 기분을 전한 후에「今度ゆっくり話しませんか」「ゆっくり話したいんですが」등의 표현을 덧붙이면 상대에게 부드러운 인상을 준다.

1-예 ○수업이 끝나고 나서 반 친구들과 잡담을 하고 있다. 아르바이트하러 가야 한다.

リー : じゃ、僕はそろそろ。

학우 : ああ、リーさん、アルバイトでしたね。

2-예 ○대학에 갈 시간이 다가오는데 大家씨가 현관에서 열심히 얘기하고 있다.

リー : あのう、すみません。授業があるので。

大家 : あら、ごめんなさい。間に合うかしら。

○길에서 우연히 일본어학교 선생님을 만났다. 오랜만이고, 선

생님도 반가워하고 있다. 일하고 있는 중이어서 서두르고 있다.

선생님：会社のほうはどうですか。

カイト：はあ、おかげさまでだいぶなれました。

선생님：今、仕事でこちらへ。

カイト：はい。ちょっと用事があってそこの事務所まで。
申し訳ありません、会社に戻らなければなりませんので。

선생님：仕事中じゃお茶を飲むわけにもいきませんね。

カイト：はあ。先生とゆっくりお話したいんですが。

3-예 ○유치원에 아이를 마중하러 가는 도중에 이웃집 아주머니가 불러서.

カイト부인：ごめんなさい、子どもを迎えに行かなくちゃならないので。

아주머니：あら、すみません。気がつかなくて。

4-예 ○복사를 부탁받아 방을 나가려던 참에 동료의 村上씨를 만나 서서 이야기를 해서 늦어졌다.

カイト：すみません、お忙しいところ。

村上：ああ、こっちこそ時間をとってしまって。じゃあ、また。

다음 상황을 연습해 봅시다.

다음의 장면에서 이야기를 끝내고 싶을 때 어떻게 말합니까?
상대에게 나쁜 감정을 주지 않도록 하세요.

a. 출근 도중에 일본인에게 인터뷰를 받았습니다. 길어질 것 같습니다. 출근 시각까지 시간이 없습니다.
b. 하숙을 나가자 옆집 사람이 말을 걸어 왔습니다. 10분이나 이야기하고 있습니다. 빨리 이야기를 끝내고 싶은데, 그 사람은 좀처럼 이야기를 멈추지 않습니다.
c. 일을 하고 있는데 상사가 와서 일요일의 골프 이야기를 시작했습니다. 즐거운 듯이 이야기하고 있는데 당신은 일을 빨리 하지 않으면 안 됩니다.
d. 일로 외출 중에 우연히 친구를 만났습니다. 오랜만이어서 친구는 느긋하게 이야기하려고 하지만 당신은 빨리 회사로 들어가야 합니다.
e. 일과 관계있는 파티에 참석했습니다. 같은 업계의 사람이 말을 걸어 왔습니다. 그 밖에도 인사를 해야 되는 사람이 있어서 이 사람과는 이야기를 끝내고 싶다고 생각합니다.

3.8 회화 중 문제가 일어날 때 사용하는 표현

상대의 이야기가 알아들을 수 없거나 이해할 수 없거나, 또 적당한 말이 생각나지 않거나 할 경우가 있다. 이러한 문제를 해결하기 위해 몇 개의 표현수단을 알고 있으면 편리하다.

3.8.1 회화의 기술

3.8.1.1 되물어 보기(ききかえす)

Ⅰ. 말의 첫 음 밖에 알아들을 수 없을 때

えっ~何ですか、よくわからなかったんですが・けれど

말의 첫 음 밖에 알아들을 수 없을 경우, 들린 음에「何ですか」를 붙인다.

예 ○川上：あっ、今週の水曜日は休みですね。成人の日だから。
カイト부인：えっ、せ・せ何ですか。よく分からなかったんですけれど。
川上：せ・い・じ・んの日ですよ。

Ⅱ. 말의 일부 밖에 알아들을 수 없을 때

1. 何の~ですか 2. 何~ですか 3. ~の何ですか

알아들을 수 없었던 부분에 의문사를 넣어서 되묻는다.「何・何の」 대신에 다른 의문사(どこ・いつ・だれ)를 넣는 경우도 있다.

1-예 ○中村：「第三の男」っていう映画見たことがありますか。

リー：えっ、何の男ですか。

中村：だ・い・さ・んの男です。

○森田：いま田中さんの隣にいらっしゃるのが山本部長の奥様です。

カイト부인：えっ、どなたの隣ですか。

森田：田中さんです。

○中村：今度の水曜日のお昼に鈴木先生がテレビにお出になるんですよ。

ヘラト：へえ、テレビに。ええと、いつのお昼ですか。

中村　：水曜日のお昼です。

2-예 ○ヘラト：新宿駅の南口の改札口に集合です。

リー　：新宿駅のどこですか。

ヘラト：南口の改札口です。

3.8.1.2 다른 말로 되묻기(言いかえを求める)

Ⅰ. 말의 의미를 몰랐을 때

~って何ですか

○테니스스쿨의 사람：こちら会員証です。一年後とに更新して

いただきます。

カイト부인：あの、更新って何ですか。

테니스스쿨의 사람：会員になるための手続きをもう一度することです。

Ⅱ. 말의 의미 일부를 알았을 때

~ってどういう~ですか

○테니스스쿨의 사람：終身会員にご加入の場合は更新の必要がございません。

カイト부인：あの、ちょっとすみません。終身会員ってどういう会員ですか。

Ⅲ. 상대의 말에 따라갈 수 없을 때

	1. はやくて	
すみませんが、	2. ことばがむずかしくて	よくわからないんです
	3. 電話が遠くて	
	1. ゆっくり	
すみませんが、もう少し	2. やさしいことばで	言ってください
	3. 大きい声で	

상대의 말에 따라갈 수 없을 때에는 위의 표현과 같이 모르는 이유를 상대에게 설명하고, 말하는 방법을 바꾸어 주도록 부탁하면 된다.

1-예 ○영업부：もしもしこちら営業部の田村ですが、さきほど問い合わせのあった先月の取引き状況ですが、第１課・・・

カイト：あの途中ですみませんが、速くてよくわからないんです。すみませんがもう少しゆっくり言ってくださいませんか。

3.8.1.3 다른 말로 표현 (言いかえる)

Ⅰ. 말의 의미를 대략 추측할 수 있을 때

1. ~って~のことですか
2. ~っていうのはたとえば~ですか
3. ~って~ことなんでしょうか

1은 영어 등의 매개어를 사용해서 확인하는 경우에 사용한다. 2는 의미를 확인하기 위해서 구체적인 예를 끌어내고 있다. 3은 자신의 말로 바꾸어 말해서 확인하는 경우에 사용한다.

1-예 ○カイト부인：復活祭ってEasterのことですか。

川上：ええ、そうです。

2-예 ○カイト：身分を保証するものっていうのはたとえば外国人登録証とかパスポートでもいいんですか。

은행원：はい、けっこうです。

3-예 ○リー：焼き増しって同じ写真を何枚も焼くことなんでしょうか。

사진가게：はい、そうです。

Ⅱ. 상대의 말이 너무 길거나 너무 어렵거나 해서 이해할 수 없을 때

つまり・要するに・ということ・ということは~ですか

위의 표현과 같은 요약과 정리를 위한 표현에 이어서 아래에 서술한 예에서처럼 이해한 내용이나 자신만의 표현을 사용해서 다시 물어볼 수 있다.

예 ○의사 : この錠剤は毎食後、こちらの抗生物質は6時間ごとに飲んでください。

リー : あのう、ちょっとはっきりしないんですが、つまり、これは食後、このカプセルは6時間ごとに飲めばいいんですか。

의사 : そうです。

○リー : 在学証明書がほしんですが。

대학 사무실 사람 : では、まず経理部に行って、こちらの書類に出納印を押してもらってきてください。

リー : ということはまずお金を払うってことですか。

대학 사무실 사람 : はい。

3.8.1.4 확인하다 (確認する)

Ⅰ. 자기 말에 자신(自信)이 없을 때

1. ~ですね 1'. ~ですか 2. ~んですね 2'. ~んですか 3. ~って…のことですね 3'. ~って…のことですか 4. ~っていうと…のことですね 4'. ~っていうと…のことですか

1-예　○中村：新宿南口の改札口に10時集合です。

リー：新宿駅南口の改札口に10時ですね。

2-예　○단골손님：すみません、おことづけをお願いしたいんですが。

カイト　：はい。

단골손님：明日午後1時に課長さんに来ていただくことになってたんですが、わたくし、ちょっと急用ができましてその時間出ておるものですから、あさっての同じ時刻にお願いしたいと。

カイト　：はい、ちょっと確かめたいんですが、あした午後1時はご都合が悪いので、あさっての1時にいらっしゃるんですね。

단골손님：はい。

○川上씨의 딸：母はいまちょっと出かけておりまして・・・。夕方6時には戻ると思いますが。

カイト부인：6時にお戻りになるんですね。

3-예　○슈퍼점원：細かいのをお持ちじゃありませんか。

リー：細かいのって、100円や10円のことですか。

4-예　○의사：1週間後に来てください。

カイト부인：1週間後っていうと十日ですね。

다음 상황을 연습해 봅시다.

1. 밑줄 친 부분의 말의 의미를 모를 경우, 어떻게 되묻습니까?

a. 金沢に行ったら、九谷焼きの窯元にいくといいですよ。

b. 今頃の雷を春雷っていうんですよ。

c. 鎮痛剤をあげますから、痛みがひどいときに飲んでください。

d. 押し売りには気をつけた方がいいですよ。

2. 다음의 말을 들었을 때 '듣기'는 가능하지만, 밑줄 친 부분의 말 중 점선 부분에 의미를 이해할 수 없을 경우, 어떻게 되묻습니까?

a. 今日は9時から避難訓練があります。

b. 娘の結婚相手は出版会社に勤めているんです。

c. わたしの子どものころは、毎日日の丸弁当でしたよ。

3. 다음과 같은 경우, 뭐라고 상대에게 바꿔 말해서 부탁합니까?

1)「入学手続きおよび学費納入期間は3月18日から20日まで、20日当日の消印有効です。一旦納入された費用は返金不能です。」

a. 言葉がむずかしすぎる

b. 言葉がはやすぎる

2)「姉の主人のいとこが今度の土曜日にヘラトさんの家から渋谷駅の方へ行く途中にある教会で結婚式をあげるんです。」

a. 電話が遠い

b. 文が長すぎる

4. 말은 알아들었지만 상대의 의도를 모르겠습니다. 설명을 부탁하세요.

1) 金沢へ行くんなら傘を忘れちゃいけませんよ。

2) 今日は月曜日だから図書館は休みですよ。

3) 春雨ですね。濡れていきましょう。

3.8.2 정보에 관한 언어 차이를 느꼈을 때

3.8.2.1 사람의 성격 태도 능력을 묻기 (人の性質・態度・能力をきく)

1. どんな方ですか／でしょうか
2. どのような方ですか／でしょうか
3. どんな方かうかがいたいんですが
4. [(性質・人づきあい・仕事ぶり)]はいかがですか／でしょうか
5. [(性質・人づきあい・仕事ぶり)について]うかがいたいんですが

사람의 성격 등에 대해서 언급하는 것은 참견하는 인상을 주기 쉽기 때문에 물을 때에는 상대에게 싫은 인상을 주지 않도록 배려하는 것이 필요하다.

1, 2는 직접적인 질문 방법이다. 강한 느낌을 주는 경우가 있다. 인터뷰 등에서 사용하는 경우가 많다. 1, 2의 형태를 사용하는 경우「でしょうか」쪽이 부드러운 느낌을 준다. 통상 3을 사용한다. 3에「よろしければ」「さしつかえなければ」등의 서두의 표현을 두면 보다 정중하게 된다. 1, 2, 3은 전체적인 것에 대해서 질문하고 있고 응답으로써 전체적인 것에 대해 서술하는 사람도 있으면 세세한 부분까지 언급

하는 사람도 있다. 세세한 부분에 대해서 질문하고 싶을 때는 4를 사용하면 된다.

3.8.2.2 사람의 성격·태도·능력을 말하기(人の性質・態度・能力を述べる)

1. ~/です・ます 例 やさしい/やさしいです
   親切だ/親切です 思いやりがある/思いやりがあります
   ~人/方だ ~人/方です 例 おもしろい人/方です
2. ~ほうだ/です
3. ~よう・~そうだ/です
   例 がんこのようだ　　やさしそうだ
4. ~ほうだと思う/思います
   ~よう・そうだ
5. ~よう・そうな 気がする/気がします
   感じがする/感じがします
6. ~よう・そうに見える/見えます
7. ~ような・みたいな人/方だ ~のような・みたいな人/方です
   例 神様のような人だ

일반적으로 성격, 태도, 능력 등은 사람의 본질과 관계되기 때문에 서술할 때에는 배려해야 하는 것이 많다. 서술할 때 확신이 있어도 단정적인 표현을 피하는 경우가 있다. 그 내용이 「冷たい」 등 마이너스로 이어지는 경우는 표현을 선택할 때에 배려하는 것이 일반적이다. 특히 서술하는 대상의 사람이 청자와 관계있는 사람인 경우, 또 화자와 청자 사이가 배려를 필요로 하는 경우는 명확한 말, 단정적인 형태를 피하는 경향이 강하다.

자기 자신이나 가족 등 자기 쪽에 속하는 사람에 대해서 서술할 때, 그 내용이 「思いやりがある」 등 플러스로 이어지는 경우는 면접 등 자기 자신의 일을 명확하게 서술할 필요가 있을 때와는 다르게 오히려 소극적인 표현을 선택하거나 단정적인 형태를 피하는 경우가 많다.

1은 단정적인 형태이다. 2는 「どちらかと言えば~です」라는 의미로 단정을 피한다. 3~6은 추측의 형태를 사용하고 있다. 확신이 없을 때 이외에 단정을 피하는 때에도 사용된다. 「よく・はっきりわかりませんが」 등의 표현을 더해도 좋다. 7은 뭔가에 비유해서 서술할 경우에 사용된다.

위에 나열한 형태의 문말에 「が」 「けれども」를 붙여서 여운을 남기고 인상을 부드럽게 하는 것도 많다.

자주 사용되는 말의 예

性質

1. いい 2. 神経質だ 3. やさしい 4. 傷つきやすい 5. 素直だ 6. 頑固だ 7. 強い 8. 弱い 9. 明るい 10. 暗い 11. 穏やかだ 12. 怒りっぽい 13. 理性的だ 14. 感情的だ 15. 正直だ 16. 単純だ 17. 複雑だ 18. おとなしい 19. おしゃべりだ 20. 無口だ

態度—物事に対して—

1. 積極的だ 2. 消極的だ 3. 堅実だ 4. いい加減だ 5. 勤勉だ 6. 怠け者だ 7. 緻密だ 8. 大ざっぱだ 9. まじめだ 10. だらしがない 11. 慎重だ 12. 柔軟だ 13. きちっとしている 14. 辛抱強い 15. 論理的だ 16. 合理的だ 17. 責任感がある 18. 視野が広い

態度—人に対して—

1. 人当たりがいい 2. 礼儀正しい 3. 温かい 4. 冷たい 5. 親しみやすい 6. いばっている 7. 態度が大きい 8. 謙虚だ 9. 寛大だ 10. 厳しい 11. 社交的だ 12. 親切だ 13. 自分勝手だ 14. 気むずかしい 15. 世話好きだ 16. 気さくだ 17. 思いやりがある 18. リーダーシップがある 19. 協調性がある 20. 公平だ

素質・能力

21. 頭がいい 22. 頭がきれる 23. 頭の回転が早い 24. 能力がある 25. 知的だ 26. ~について感覚が鋭い 27. 努力家だ 28. (日本語)が上手だ 29. (スキー)ができる

예 ○ 일본회사에서 일하고 있는 외국인에 대한 인터뷰에서.

신문기자 : カイトさんの上司ってどんな方ですか。

カイト : そうですね、きびしいほうだと思いますが。でも仕事以外ではやさしいですね。思いやりのある上役です。

○ 아르바이트처에서의 면접.

회사사람 : 仕事はお客さん相手だから学生さんには大変だと思うけれども。

佐藤 : いいえ、大丈夫です。辛抱強いほうですし、人当たりも悪くないとまわりの人に言われますので。

○ 쉬는 시간에.

ヘラト : 中村さんはどちらかと言うと慎重なほうですか。

中村 : そう見えますか。

○ 파티를 하는 멤버를 고르는 상담을 한다.

中村 : 川崎さんを呼びましょうよ。

リー：川崎さん、何となく親しみにくいですね。

中村：そうですか。じゃあ山田さんは。

リー：ああ、いいですね。気さくな人ですから。

○ 横山部長한테 부하의 일하는 태도에 대해서 듣고.

横山：きみのところの山田君だけど、仕事ぶりはどう？

村上：そうですねえ。よくやっていると思いますが。

横山：実は新しい仕事をしてもらおうかと思って。分野が違うんでちょっと心配なんだけど。

村上：そうですか。まじめだしいいんですが、消極的なほうだと思いますけれども。

横山：そう。じゃあ、無理かなあ。

村上：ただ、一緒に仕事をして1年足らずなのでよくわかりませんが。

다음 상황을 연습해 봅시다.

1. a에서 f까지의 사람을 선택한다면, 어떤 사람이 좋습니까?

a. 비서　b. 베이비시터　c. 상사　d. 파티 시중

e. 부하　f. 같이 여행할 사람

2. 취업 면접의 장면입니다. 회화를 계속해 주세요.

a. 회사 사람 :うちでは日本語ができないと困るんだけれども。

당신 :はい、・・・

b. 회사 사람 :人づきあいなんかはどうですか、社員だけじゃなくて、得意先の人ともつきあわなくちゃいけないし。

당신 : 心配ないと思います。・・・

c. 회사 사람 : 自分では性質をどう思いますか。

당신 : そうですね、自分では・・・

3. 친구가 아르바이트를 찾고 있습니다. 그래서 당신이 아르바이트를 하고 있는 회사에 친구를 추천하고 싶다고 생각합니다. 사장에게 그 친구의 성격, 일에 대한 태도, 무엇이 가능한지 설명해 주세요.

3.8.2.3 사람의 몸 상태에 대해서 묻기 (人の体の調子についてきく)

1. どうしましたか／なさいましたか
2. どうしたんですか／なさったんですか
3. どうかなさったんですか
4. 具合(調子)はどうですか／いかがですか
5. どんな具合(調子)ですか／でしょうか

1,2는 갑자기 몸이 안 좋아보이는 사람에게 질문할 때나 의사가 환자에게 물을 때에 사용하는 경우가 많고 직접적인 형태이다. 몸이 아파보이는 사람에게 「大丈夫ですか」라고 묻는 경우도 있다. 일반적으로 3을 사용한다. 몸 상태, 정신 상태는 사람의 성격 등을 묻는 경우만큼 표현에 배려를 하지 않아도 되지만, 「(お)元気がないようですね」「疲れている／いらっしゃるようですね」 등의 표현으로 이야기를 시작하면 뜻밖에도 자연스럽게 화제에 들어갈 수 있다. 4는 몸 상태가 나쁜 것을 알고 묻는 경우에 사용한다.

3.8.2.4 사람의 몸 상태에 대해서 말하기(体の調子についてのべる)

1. ~／です・ます
   例 だるい／だるいです いらいらする／いらいらします
2. 頭が~／です・ます
   例 頭が痛い／頭が痛いです
   ここがひりひりする／ここがひりひりします
3. ~らしい・~ようだ・~そうだ／です
4. ~がる・~がっている／ます ~と言っている／~います
5. ~よう・~そうだ／です
6. ~よう・~そうな 気がする／気がします
   感じがする／感じがします
7. ~よう・そうだ／です
   例 頭がわれるようです

몸의 상태, 정신 상태에 대해서는 사람의 성격 등에 비해 그렇게까지 배려할 필요가 없다. 제3자의 몸의 상태, 정신 상태, 감각에 대해서 서술할 때는 3,4와 같은 형태를 사용해서 나타낸다. 5,6은 단정할 수 없을 경우에 사용하는데, 6의 쪽이 단정의 정도가 약하다. 7은 상태를 예를 들어 표현하거나, 가능성이 있는 것을 나타낸다.

몸의 상태, 정신 상태를 서술할 때에 원인, 아픈 부위 등을 특정할 수 없는 경우에「何となく」라는 말을 사용해서「何となくだるいです」라고 말할 수 있다.

자주 사용되는 말의 예

体の調子

1. (体)の調子がいい 2. 健康だ 3. 熱がある 4. だるい 5. 疲れる(疲れている) 6. (息が)苦しい 7. 顔色が悪い 8. 眠れる 9. 眠れない 10. 気分が悪い 11. 食欲がない 12. 咳が出る 13. 目まいがする 14. 下痢をしている 15. 吐き気がする 16. 腫れる(腫れている) 17. 炎症をおこしている 18. おなかをこわす 19. 寒い 20. 寒気がする 21. 熱い 22. (歯・胃・お腹)が痛い 23. 青い顔をしている 24. (しくしく・きりきり・ずきずき)痛む 25. のどが痛い

精神状態

26. いらいらする 27. ゆううつだ 28. 落ち込んでいる 29. 機嫌が悪い 30. 興奮している

예 ○ 딸アン을 의사에게 보인다.

의사 : どうしましたか。

부인 : きのうころんだんですが、痛がって歩かないんです。

의사 : ちょっと見せてください。どこが痛いの？ここ？

アン : うん。

○ 수업 중에 급히 얼굴을 숙인 ヘラト 씨에게.

中村 : どうしたんですか、ヘラトさん。

ヘラト : ああ、大丈夫です。ちょっと気分が悪いだけですから。

○ 회사에서.

カイト : 村上さん、きょうは元気がないですね。

村上 : ええ。ここのところ何となくお腹の調子が悪くて。

カイト：それはいけませんね。

○ 회사에서 동료와.

村上　：営業の山田さん、機嫌が悪いですね。

カイト：ええ。何かいらいらしているようですね。

村上　：そうそう、さっき、このごろ眠れないって言っていましたね。

○ 감기로 연습을 쉬고 있는 川上씨에게 전화로.

カイト부인：かぜの具合いいかがですか。

川上：はい、おかげさまで熱も下がりました。来週はおけいこに行けると思います。

カイト부인：あら、よかったですね。じゃあ、お会いするのを楽しみに。お大事に。

○ 약국에서

リー：すみません、何か胃の薬がほしいんですが。

점원：はい。どんな具合いですか。痛みますか。

リー：痛くはないんですが、食べると吐き気がするんです。

○ 대학에서

中村：リーさん、ヘラトさんのことなんですけど。

リー：ええ。

中村：最近落ち込んでいるような気がするんですが。

リー：そうですねえ。何か卒業後のことで悩んでいるみたいですねえ。

다음 상황을 연습해 봅시다.

1. 다음의 경우 보통 몸 상태가 어떻습니까? 말해 주세요.

a. 감기에 걸렸을 때 몸 상태가 어떻습니까?
b. 밥을 먹고 바로 달리면 어떻습니까?
c. 삐었을 때 어떻습니까?
d. 수면부족일 때 어떻습니까?
e. 열이 높을 때 어떻습니까?

2. 어떻게 말합니까?

a. 같은 반 山本씨가 어머니의 병 때문에 학교를 쉬었습니다. 어제 전화가 걸려 왔습니다. 어머니의 상태를 물어 보세요.
b. 여름방학이 끝나고 한 달 만에 동급생인 中村씨를 만났습니다. 中村씨는 살도 빠졌고 힘도 없어 보입니다. 어떻게 된 일인지 물어 보세요.

3. 대학에 있습니다. 친구의 모습이 이상합니다. 친구를 눕히고 당신은 구급실에 알리러 갔습니다. 다음은 그 친구와의 회화입니다. 이 회화를 참고로 해서 구급실의 사람에게 친구의 상태를 전달하세요.

당신 : 加藤さん、どうしたんですか。青い顔して。
加藤 : ええ。ああ、いたい。お腹が・・・きりきり痛いんです。
당신 : 右ですか？
加藤 : 全体。お昼のハムかなあ。あたったのかなあ。ああ、さむい。
당신 : 今、救急室に行ってきますか。そこに横になっててください。

4. 다음의 문장을 참고로 의사에게 몸 상태를 설명하세요.

きのう仕事が終わってからすぐ夜行でスキーに行きました。ほとんど眠っていません。駅についてすぐスキー場に行って滑りました。すいていたので滑ってはのぼり、滑ってはのぼりました。夕方帰らなければならないので、昼ごはんのあとすぐ滑りはじめたところ、ころんでしまいました。痛くなかったのでまた少し滑ってうちへ帰りました。疲れていたのですぐ寝ました。けさ足が痛くて目がさめました。心配なので医者に行きました。

3.8.2.5 물체의 외형에 대한 질문 (物の外見についてきく)

1. どんなものですか/でしょうか
2. どんな・どのような形ですか/でしょうか
3. どんな・どのような形をしていますか
4. 何か似ているものがありますか

1은 외견뿐만 아니라 재질이나 사용목적 등도 포함해서 묻고 있는데 반해, 2, 3은 형태만을 묻고 있다. 재질을 물을 때는「何でできていますか」라고 묻는다.

3.8.2.6 물체의 외형에 대해 논하다 (物の外見についてのべる)

1. ~/です・ます　例 三角です
2. ~ものです　例 三角のものです
3. ~のよう・~みたいです
4. ~のような・~みたいなものです
5. ~に似ています

3, 4, 5는 서두로써 「例えば」 「強いていえば」가 사용된다.

자주 사용되는 말의 예

形状

1. まる(い) 2. 四角(い) 3. 三角だ 4. 菱形だ 5. 楕円形だ 6. 六角形だ 7. まんまるい 8. 角ばっている 9. 球状だ 10. 棒状だ 11. 立方体だ 12. 箱形だ 13. 筒型だ 14. ふくらんでいる 15. 平たい 16. 出っ張っている 17. 凹んでいる 18. 曲がっている 19. とがっている 20. 穴があいている 21. ~がついている(22. ふた 23. 柄 24. ポケット 25. ひも 26. もよう) 27. 縁が高くなっている

寸法

1. 大きい 2. 特大だ 3. 幅広い 4. 細長い 5. 厚い 6. 厚みがある 7. 薄い 8. 丈がある

手ざわり

1. かたい 2. やわらかい 3. つるつるしている 4. でこぼこしている 5. 粗い 6. きめが細かい

部分

1. 外側 2. 内側 3. まわり 4. なか 5. 縁 6. 上の部分 7. 下の部分 8. 先 9. 裏 10. 表

材質

1. ~でできている 2. 紙 3. 布 4. 木 5. プラステック 6. ダンボール 7. 金 8. 金属

예 ○カイト부인이 슈퍼에 간다.

カイト부인 : 台所で使うものをさがしているんですが。「おろ何とか」というものなんです。

점원 : おろ？どんな形のものですか。

カイト부인 : 四角いんです。かねでできていて。とがっているものがたくさんついています。くぎの先のようなものがたくさん・・・

점원 : あっ、おろしがねですね。こちらです。

○リ―가 가방을 도서관에 두고 왔다.

관계자 : それで、どんなかばんなんですか。

リ― : 茶色っぽくて四角いんです。楕円形のポケットがついています。

관계자 : 何でできていますか。

リ― : ビニールです。

○カイト가 전기가게에 간다.

カイト : 小さい電気掃除機がほしいんですが。

점원 : はい、これはいかがでしょうか。

カイト : こんなに大きいものじゃないんです。20センチぐらいの長さで口が大きくて全体の形はまるかったり四角かったりです。

점원 : これでしょうか。

カイト : いいえ、コードはないんです。ちょっと書いてみますね。こんな形なんです。ここを押して使います。

점원 : ああ、ハンディクリーナーですね。

다음 상황을 연습해 봅시다.

1. 다음의 경우 어떻게 모르는 말의 외견을 묻습니까?

a. 친구에게 「けんざんを買ってきて」라고 부탁받았는데 「けんさん」를 모릅니다.

b. 파티에서 「今しょうぶがきれいですね」라고 모두가 이야기하고 있는데 「しょうぶ」의 의미를 모릅니다.

2. 다음의 물건을 사고 싶은데 백화점의 점원에게 통하지 않습니다. 각각의 외견에 대해서 가능한 한 자세히 서술하세요.

a. 전기밥솥

b. 패스너

c. 물뿌리개(꽃이나 식물에 물을 주는 것)

3.8.2.7 물건의 조작방법 수순에 대해 묻기 (物の操作の仕方、手順についてきく)

—器具—

1. どうやって・どのように~んですか
   例 どうやってつけるんですか
2. どうやって・どのように使うんですか
3. ~の使いかた・~かたはどうですか
4. ~の使いかた・~かたを教えてください

3.8.2.8 물건의 조작방법 수순에 대해 말하기 (物の操作の仕方、手順についてのべる)

—器具—

자주 사용되는 말의 예

操作を表す表現

1. まわす 2. まく 3. 押す 4. 引く 5. 引張る 6. 引上げる 7. 引出す 8. 引抜く 9. 中に入れる 10. ~から出す 11. 取出す 12. 差込む 13. 押込む 14. はめる 15. はめこむ 16. ~をつなぐ 17. ~に通す 18. 戻す 19. 折る 20. 握る 21. ~に合わせる 22. ~に向ける 23. スイッチを入れる 24. ~に切替える 25. 調節する 26. 取替える 27. 取外す 28. 取付ける 29. 蓋をする

部分の名称

1. つまみ 2. ボタン 3. スイッチ 4. ノブ 5. ダイアル 6. 取手 7. 柄 8. 針 9. 羽根 10. 止具 11. ふた 12. カバー 13. 目盛り 14. プラグ 15. ~口 16. 本体

예 ○리—가 가스레인지의 켜는 방법을 묻다.

리— : <u>このガスレンジのつけ方を教えてください。</u>

점원 : <u>このつまみを押しながら右に回してください。</u>

리— : <u>押してから右に回すんですね。</u>

점원 : いいえ、<u>押したまま右に回すんです。押すと自動的に点火しますからそのまま回してガスを調節してくださ</u>

い。後で調節する時は回すだけでいいですよ。

○リー—전자제품 판매점에서 가습기의 사용방법을 묻는다.

リー：これはどうやって使うんですか。

점원：まず、このプラスティックのタンクにこの目盛りまで水を入れます。それから本体にはめこみます。吹き出し口をお好みの方向に向けてスイッチをオンにすれば、霧が出ます。後はつまみを回して湿度を調節してください。

○カイトが 병따개의 사용방법을 나타낸다.

カイト：おもしろいせんぬきでしょう。こうやって使うんですよ。まず、ワインのコルクに差込みます。コルクの下まで押込みます。それからこの部分を引いてからまた押して空気を送ります。すると空気の圧力でコルクが自然に上がってくるんです。

다음 상황을 연습해 봅시다.

1. 다음의 기구의 조작 방법에 대해서 친구에게 가능한 한 상세히 설명하세요.
   1) 보온 전기밥솥
   2) 책상 위에 두고 사용하는 연필깎이(전동이 아닌 것)
   3) 카메리 필름을 넣는 방법

朝영호

동북대학교 대학원 문학연구과 언어학연구소. (문학박사)
현 동의대학교 인문사회과학대학 일본어학과 교수
원아시아미래연구소장

경력: 동의대학교 대외협력처장, 국제언어교육원장 등 역임.
퀸즐랜드대학(호주), 광주중의학대학(중국) 초빙교수
역임.

언어와 담화

초판 1쇄 발행 _ 2018년 12월 31일

저　　자 • 朝 영 호
발 행 인 • 정 현 걸
발　　행 • 신 아 사
인　　쇄 • 대명프린팅
출판등록 • 1956년 1월 5일 (제9-52호)
주　　소 • 서울시 은평구 통일로 59길 4(2F)
전　　화 • 02)382-6411 · 팩스 02)382-6401
홈페이지 • www.shinasa.co.kr
E-MAIL • shinasa@daum.net

ISBN 978-89-8396-324-6 (93730)

정가 13,000원

이 저서는 교육부의 산업연계교육활성화선도대학(PRIME)사업 사업비를 지원받아 집필한 저서임